LE MAUVAIS GÉNIE

Des mêmes auteurs

Ariane Chemin

Jospin & Cie : histoire de la gauche plurielle. 1993-2002, avec Cécile Amar, Seuil, 2002.

La Promo : Sciences Po 1986, Stock, 2004.

Une famille au secret, avec Géraldine Catalano, Stock, 2005 ; J'ai lu, 2006.

La Femme fatale, avec Raphaëlle Bacqué, Albin Michel, 2007 ; J'ai lu, 2008.

La Nuit du Fouquet's, avec Judith Perrignon, Fayard, 2007.

Fleurs et couronnes, Stock, 2009.

Les Strauss-Kahn, avec Raphaëlle Bacqué, Albin Michel, 2012 ; Points, 2013.

Vanessa Schneider

La Déprime des politiques, Seuil, 2001.

La Mère de ma mère, Stock, 2008 ; Points, 2009.

Tâche de ne pas devenir folle, Stock, 2009 ; Points, 2011.

Le Pacte des vierges, Stock, 2011 ; Points, 2014.

Le Jour où tu m'as quittée, Stock, 2014.

Ariane Chemin
Vanessa Schneider

Le mauvais génie

Fayard

Couverture : Antoine du Payrat

ISBN : 978-2-213-68664-6

« En mémoire des grands rêves
de notre jeunesse que la vie a humiliés
mais que nos fils vengeront peut-être demain. »

Georges Bernanos,
La Grande Peur des bien-pensants,
dédicace à Maxence de Colleville, camelot du roi.

« Il y a l'avant-scène qui constitue
ce que voit le public, les empoignades politiques,
et puis il y a le théâtre d'ombres. »

Patrick Buisson, « La délation »,
Autrement, novembre 1987.

Prologue

L'Arc de Triomphe

Il ralentit le pas, lève la tête, s'arrête enfin. Le voilà, le nom qu'il recherche, gravé dans la pierre, sur la quarantième colonne du pilier ouest, face à l'avenue de la Grande-Armée et à l'avenue Kléber. Claude, Antoine, Hippolyte de Préval, l'un des 475 officiers dont le nom figure sur l'Arc de Triomphe, entre Renaudin et Lhermitte. Plus qu'un honneur insigne, c'est l'hommage de la France.

Sa muse, sa chère Pauline n'a pas menti. Son aïeul est bien ce général d'Empire mort en 1853, immortalisé au cœur de Paris, sur cette place de l'Étoile qui, les 8 mai et les 11 novembre, voit se recueillir les présidents de la République. L'un des ancêtres de la jeune femme a rallié jusqu'en Amérique le panache du général Lafayette. Un autre a combattu à treize ans avec le duc d'Enghien, juste avant la Révolution française. Les Préval descendent de cette noblesse d'Empire devenue orléaniste au fil des régimes. Depuis le XVIe siècle, ils appartiennent à l'histoire.

Les Buisson n'ont pas droit à ces honneurs. La famille n'a jamais été dans le camp des vainqueurs. Elle a poussé dans la vieille glaise de la mauvaise droite, celle qui a ferraillé contre la « République des salauds » durant les années 1930, s'est égarée pendant la Seconde Guerre mondiale et s'est battue pour l'Algérie française, avant de la perdre.

Elle a trouvé refuge au cimetière des Batignolles, à la lisière de ce XVIIe arrondissement un peu triste que Patrick Buisson ne quitte que pour retrouver sa Vendée. Un de ces quartiers périphériques cernés par les boulevards extérieurs dont raffolent les personnages de Modiano : des hommes qui filent, col relevé, dans le brouillard, et vivent dans l'idée qu'il faut toujours se préparer à fuir Paris sans délai.

Pas de blasons ni d'armes sur la sépulture en granit gris de Georges et Madeleine Buisson. Pas de « vicomte du Jura », de « héros de la bataille d'Austerlitz et d'Iéna », de chef de la cavalerie, de grand-croix de la Légion d'honneur, de chevalier de Saint-Louis et de la Couronne de fer, de grand-croix de Saint-Joachim de Wurtzbourg, comme pour l'ancêtre de Pauline. Les chrysanthèmes en pots, soigneusement arrosés, ne couvrent aucune décoration. Nul hommage gravé, juste une étrange inscription, sur une haute croix sans grâce, qui résonne presque comme une menace : « J'attirerai tout à moi. »

Des épitaphes, Patrick Buisson en a rédigé ailleurs, en bouquets, dans chacun des tomes de son grand œuvre, *1940-1945. Années érotiques* : à son père, qui lui a « transmis la passion de l'histoire et l'amour de ce pays » ; à sa mère, « qui a traversé le monde ancien la tête haute »...

Les Buisson ne sont des héros pour personne, sauf pour leur fils. « Moi, je suis le fils d'un camelot du roi, s'enorgueillit-il. Je suis monarchiste, je suis royaliste, c'est ma culture, voilà. » Dans l'entre-deux-guerres, son père était des hommes qui vendaient *L'Action française* à la sortie de la messe. Jusqu'à sa mort, il avait conservé son insigne et récitait des passages de *La Grande Peur des bien-pensants* de Bernanos.

Entre les piliers de l'Arc de Triomphe, où sa grande silhouette mince s'est arrêtée pour déchiffrer les noms des gloires de l'Empire, le nouveau conseiller de Nicolas Sarkozy aperçoit ces Champs-Élysées que le président tout juste élu a descendus, comme le veut la tradition républicaine.

De cette somme de symboles, Patrick Buisson sourirait presque – s'il savait se réjouir. Mais c'est comme si ce plaisir lui était inconnu. Sous son crâne poli et son regard flou, ses lèvres dessinent une moue renfrognée. Même quand le bonheur tente de le frôler, même quand tout pourrait sembler plus léger, le fond de rancune qui l'habite l'empêche de saisir la lueur qui passe près de lui. « Comme Barbey d'Aurevilly, je rêve d'un balcon d'où je pourrais cracher sur ceux qui m'ont méprisé », confie-t-il parfois. Patrick Buisson a la rage des vaincus et la revanche haineuse des humiliés.

Ses intimes – mais peut-on parler d'intimes, chez un homme à secrets comme Buisson ? – ne l'ont vu s'émouvoir qu'une seule fois. C'était le 24 septembre 2007, et ils s'en souviennent comme si c'était hier. Nicolas Sarkozy avait choisi de lui remettre en personne la Légion d'honneur dans la salle des fêtes de l'Élysée – un privilège accordé avant lui à la seule Barbra Streisand, s'était flatté le conseiller. « Il y a très peu de personnes dont je puisse dire : si je suis là, c'est grâce à eux, avait salué le nouveau chef de l'État. Patrick Buisson est de ceux-là. »

Derrière le sourire insolent de cet homme qui se tenait raide comme un I, à la droite du pupitre, certains invités avaient cru voir des larmes perler.

Le voilà enfin, à cinquante-huit ans, dans le saint des saints. Désigné officiellement comme celui qui a fait roi Nicolas. Un sacre républicain pour ce conseiller issu d'une lignée de maudits.

L'hommage se déroule devant le Tout-Paris, qu'il a pris un malin plaisir à convier à l'Élysée : la petite confrérie des sondeurs, l'état-major de TF1 au garde-à-vous derrière Martin Bouygues, la crème du *Figaro* et de *Valeurs actuelles*, les ex-lambertistes Jean-Christophe Cambadélis et Jean-Luc Mélenchon, quelques ministres et l'équipe qui entoure le nouveau chef de l'État : Claude Guéant, Emmanuelle Mignon, Henri Guaino, Franck Louvrier, Catherine Pégard… Une sarkozie qui, en ce début de mandat, brille encore de mille feux.

Dans les cérémonies qui couronnent des carrières accomplies, on trouve toujours des visages inconnus pour dater, à leur manière, des amitiés sédimentées. Assis seul dans un coin, l'historien Raoul Girardet, maurrassien, résistant, emprisonné pour son engagement dans l'OAS, a tenu à se joindre, malgré ses quatre-vingt-dix ans, à l'hommage présidentiel. Patrick Buisson vient régulièrement vérifier qu'il n'a besoin de rien. Non loin de là, impeccable dans son blazer bleu marine, François d'Orcival, qui fut son ancien patron à *Valeurs*. Les deux hommes s'étaient fâchés ; opportunisme ou sincère fidélité, une rencontre fortuite au carré aux vieux livres du parc Georges-Brassens, dans le XVe arrondissement de Paris, les a récemment réconciliés.

Patrick Buisson n'a pas osé remonter davantage le cours de sa vie et a tenu à l'écart son meilleur ami, Alain Renault, un ancien cadre du mouvement d'extrême droite néo-fasciste Ordre nouveau, et l'un des fondateurs du Front national. Il a, en revanche, convié le jovial Jean Picollec, infatigable éditeur de tous les infréquentables – Jacques Vergès ou le cadre frontiste Roland Gaucher –, comme pour rappeler qu'il ne se soumet pas. Picollec a connu Buisson lorsqu'il officiait à *Minute*. Il le croise désormais autour d'étals de livres confidentiels et de bacs de musique bretonne à la Coop Breizh, repaire celte de l'avenue du Maine. « Les bad boys à l'Élysée », pouffe le directeur général de LCI Jean-Claude Dassier, autre invité de la fête.

Cette scène insensée qui se joue, la réhabilitation d'un passé de soufre, passe sur le moment presque inaperçue. En cette année 2007, personne n'a encore compris la place occupée par Patrick Buisson durant la campagne présidentielle. L'intéressé a pris un soin maniaque à rester dans l'ombre, sachant trop combien son passé pourrait charrier de méchants nuages sur le candidat qu'il s'est choisi.

On murmure qu'il vient des extrêmes, qu'il a écrit sur Jean-Marie Le Pen, conseillé Bruno Mégret, mais sur ce curriculum vitæ personne ne veut s'attarder – et ce n'est pas l'hommage convenu de Nicolas Sarkozy, ce jour-là, qui éclaire davantage la petite assemblée sur le parcours du récipiendaire. « Des journalistes cultivés, il y en a peu. Des journalistes qui ont le sens de l'histoire, il y en a encore moins. Des journalistes cultivés qui ont le sens de l'histoire et des convictions, il n'y en a qu'un, et c'est Patrick Buisson », se contente de rappeler le président sous les applaudissements.

Ils ne sont que deux peut-être à deviner la tempête qui se livre, ce jour de sacre, sous le crâne de l'ancien paria, à saisir la revanche prise sur l'histoire familiale, sur l'histoire tout court, voire peut-être même sur la République. Ils sont deux, ils ont à peine trente ans, n'avaient jamais franchi les portes de l'Élysée et se tiennent chacun timidement dans un coin du grand salon, se mêlant à peine au cercle des invités. Sans converser ensemble, non plus.

L'un est une jeune femme blonde qui fixe de manière étrange et bien à elle, en écarquillant ses yeux bleus, ceux qui tentent de lui adresser la parole. L'autre est un grand jeune homme brun, un peu gauche, dont la bouche tombante et la taille élancée trahissent le lien qui l'unit au héros du jour.

Qui aurait pu croire que ces deux ombres rougissantes et discrètes recroiseraient plus tard le destin politique de Nicolas Sarkozy ? Pas davantage que le chef de l'État, pas davantage que la cour qui l'entoure, pas davantage que le gouvernement de François Fillon, Pauline de Préval et Georges Buisson n'imaginent la machine infernale qui est en train de se mettre en marche sous leurs yeux.

1

« Un homme unique »

« Oui. Ok. On se rappelle. Je t'embrasse. » Patrick Buisson repose son téléphone portable et mesure en même temps son effet sur son auditoire, réuni au Cardinal, une brasserie de fruits de mer de la porte de Saint-Cloud. Il y a ses habitudes depuis qu'il travaille à TF1 : toujours la même table, près de la fenêtre, derrière un rideau. Comme tous les hommes de secrets, Patrick Buisson est un voyeur qui déteste être vu.

« C'était Nicolas », précise-t-il parfois à son fils Georges, à Pauline de Préval, au sondeur Jérôme Sainte-Marie ou encore aux anciens journalistes de LCI David Pujadas ou Jean-Sébastien Ferjou, qui s'interrogent sur ce mystérieux interlocuteur venu interrompre leur déjeuner. C'est bien lui que leur convive « embrasse ».

D'autres fois, il soupire en raccrochant : « C'est le Nain », ou encore « le Petit ». D'autres encore, c'est « talonnettes », le « zinzin » ou

« tête creuse ». « Je déjeune, tu me déranges, là », répond-il même parfois. Est-ce bien de Nicolas Sarkozy qu'il s'agit ? Aux incrédules, il tend un jour l'appareil qui sonne de nouveau alors qu'il vient de mettre fin brutalement à la conversation. C'est la voix du président. Patrick Buisson soupire tout haut. « Il ne peut rien faire sans moi, Naboléon. »

Combien de coups de téléphone ont-ils échangé ? Des centaines, des milliers, peut-être bien plus encore. À l'autre bout de la ligne, Nicolas Sarkozy demande un conseil, un simple commentaire. Parfois même, il ne réclame qu'une chose, que « Patrick » l'écoute.

Pour un oui ou pour un non, il téléphone, comme il a l'habitude d'appeler sa seconde épouse Cécilia, puis, plus tard, Carla Bruni. Pour parler. Se rassurer. « Il est mon homme », « ma boussole », « mon hémisphère droit », dit-il. « Un génie », plaide-t-il devant Roselyne Bachelot. « Un homme unique », lâche-t-il à Bruno Le Maire.

Les deux hommes n'ont ni le même âge, ni la même histoire, ni le même tempérament. Quoi de commun entre le « petit Français de sang mêlé », fils d'un Hongrois fantasque et volage, élevé dans la bonne bourgeoisie, et Patrick Buisson dont les parents ont vécu dans la haine du régime parlementaire et le culte de la contre-Révolution ? Contrairement à Alain Madelin, ancien fondateur du mouvement étudiant d'extrême droite Occident, contrairement à Gérard Longuet, Patrick Devedjian ou Hervé Novelli, qui ont manié la barre de fer contre les « gauchos », Nicolas Sarkozy, gaulliste depuis l'âge de dix-huit ans, n'a jamais frayé avec l'extrême droite. Il est un pur produit de l'UDR, cet ancêtre du RPR. Pour Buisson, nostalgique de la France éternelle, le maire de Neuilly est un déraciné sans attaches ni terroir. Pire, un Européen, quand lui a défendu le « non » à Maastricht. « Sarkozy est un fils d'immigrés, dit-il. Ses ancêtres n'ont pas eu à choisir entre Jaurès et Barrès. »

Tout les sépare, jusque dans les détails. Nicolas Sarkozy est gourmand de tout, Patrick Buisson mange sans plaisir, commande un Coca pour arroser les plats des brasseries qu'il fréquente. Le président est un sportif, lui un hypocondriaque qui a toujours peur de prendre froid. Capable d'appeler au milieu de la nuit le professeur Bernard Debré, qu'un ami lui a présenté, dès qu'il croit déceler le symptôme d'une maladie forcément incurable. L'un est extraverti, quand l'autre cloisonne ses vies.

Le premier vit le temps présent, alors que le second pense que, au fond, la France a cessé d'être la France en 1918. Nicolas Sarkozy est un enfant de l'image. Ses repères et ses points cardinaux passent par la télévision, tandis que Patrick Buisson vénère les textes – il chine et collectionne les éditions originales. Le premier aime Johnny Hallyday, le second Léo Ferré, cet anar qui déteste l'ordre et avec lequel il a écrit un livre, *Avec le temps*. Il fredonne souvent des airs fameux de Suzy Delair, chanteuse vedette sous l'Occupation.

Leurs grands hommes sont aussi dissemblables que leurs livres de chevet. Verrait-on Nicolas Sarkozy dévorer les Mémoires de l'ultraroyaliste baron de Vitrolles ? Autre différence, qui n'est pas seulement un détail : le maire de Neuilly est un sentimental et un affectif, un séducteur qui ne supporte pas la solitude et affiche ses conquêtes aussi publiquement que ses états d'âme. De Patrick Buisson, on sait seulement qu'il est père d'un garçon, Georges, et qu'il est divorcé. Il faut voir sa tête, quand, devant lui, Nicolas Sarkozy passe le bras autour de la taille de son épouse en s'extasiant : « Que tu es belle, mon amour ! »

Patrick Buisson ferme les yeux. Il a trouvé son champion. Au milieu des années 1980, il a compris avant tout le monde que Jean-Marie Le Pen ne voulait ni l'Élysée ni le pouvoir. Via sa société de conseil Publifact, créée en 1982, il a travaillé pour Philippe de Villiers, grand défenseur des valeurs familiales et anti-européen convaincu, pour Bruno Mégret, Alain Madelin, et, furtivement, François Bayrou. Parfois même, sans le leur dire, pour les uns et les autres en même temps, mais sans y croire vraiment.

Avec Nicolas Sarkozy, c'est autre chose. Il a mis la main sur son homme providentiel, celui qui pourra faire avancer ses idées au plus haut sommet de l'État et les faire entrer par effraction dans l'histoire.

Le journaliste a décelé, chez cet être qui lui ressemble si peu, des qualités précieuses : l'intuition, l'instinct, le goût de la provocation, un certain courage, aussi. Nicolas Sarkozy n'a pas peur des mots et semble capable de tout, pour peu qu'il soit habilement guidé.

Patrick Buisson a longuement observé le ministre de l'Intérieur : cet animal politique et médiatique a l'énergie de ceux qui rêvent de tous les possibles. Chaque jour davantage, il montre qu'il est prêt à briser les tabous du « politiquement correct ». C'est un tenant de la droite « décomplexée », comme on ne le dit pas encore. Un ministre capable de traiter les jeunes de banlieue de « racailles » et de promettre de nettoyer les cités « au Kärcher » est mûr pour mener une campagne « transgressive », formule que le conseiller juge adaptée à la politique française de ce début des années 2000.

Il faut croire que, à la fin du siècle précédent, l'heure du pacte n'avait pas encore sonné. Contrairement à la légende soigneusement forgée, les deux hommes ne se sont pas rencontrés en 2005, mais dix ans auparavant.

C'est le sondeur Philippe Méchet qui présente Patrick Buisson à Nicolas Sarkozy. Le journaliste travaille alors à *Valeurs actuelles*, hebdomadaire qui a noué un contrat avec l'institut Louis-Harris. L'ancien lieutenant d'Édouard Balladur traverse, lui, un désert politique. Il a mené puis perdu la bataille présidentielle contre Jacques Chirac et y a gagné l'image d'un traître, hué dans les réunions publiques du RPR, *persona non grata* du gouvernement d'Alain Juppé.

Encalminé dans sa mairie de Neuilly, il rumine sa défaite et réfléchit aux moyens de revenir au premier plan. C'est l'époque où, avec sa femme Cécilia, son inséparable, il reçoit quelques journalistes triés sur le volet et les rares amis politiques qui ne se sont pas détournés de lui.

Philippe Méchet est de ceux-là : « Tu passes me voir ? » lui demande fin 1995 Nicolas Sarkozy par téléphone. « Volontiers, répond Méchet, qui ajoute : Ça t'embête si je viens avec quelqu'un ?

Il est intéressant. » Ce « quelqu'un », c'est Patrick Buisson.

La rencontre a lieu en face de l'hôtel de ville de Neuilly. Le couple Sarkozy jouit d'un appartement de fonction situé de l'autre côté de l'avenue Achille-Peretti. C'est là, dans le confort des fauteuils d'un petit salon de réception, devant la cheminée auprès de laquelle se réchauffe le labrador crème du maire, que les deux hommes s'entretiennent pour la première fois.

La présentation n'a laissé de souvenir mémorable ni à l'un ni à l'autre ; sans doute l'air du temps n'est-il pas encore celui de cette France qui se calfeutre, se recroqueville et se cherche des héros. Ils conviennent néanmoins de se revoir de temps en temps. Des rendez-vous espacés comme Nicolas Sarkozy en organise avec tant d'autres spécialistes de l'opinion, pour décrypter l'actualité et l'humeur des électeurs.

Le charme n'opère véritablement qu'en 2005. Nicolas Sarkozy a réussi son retour : Jean-Pierre Raffarin l'a nommé place Beauvau trois ans plus tôt, après la victoire de Jacques Chirac contre Jean-Marie Le Pen, au second tour de la présidentielle de 2002. Il ne doute pas qu'il va devenir le candidat de l'UMP à la prochaine présidentielle, malgré l'hostilité des chiraquiens. Il huile sa machine de guerre depuis sa forteresse ministérielle.

À LCI, l'ancien journaliste d'extrême droite est devenu un politologue en vue dont le petit monde politique salue unanimement la qualité des émissions. À droite, à gauche, on se presse sur son plateau.

Laurent Solly, le chef de cabinet de Nicolas Sarkozy au ministère de l'Intérieur, est un téléspectateur assidu des programmes de décryptage de Patrick Buisson sur la chaîne d'info en continu. Cet énarque à l'allure de jeune premier, organisé et curieux, ne se contente pas de tenir l'agenda de monsieur et madame. En cette phase de conquête, il a pris l'habitude de recevoir la petite bande des sondeurs parisiens autour de sa table. Le candidat Sarkozy a besoin d'idées pour sa campagne, et le collaborateur du ministre juge que l'on n'est jamais assez conseillé. À Brice Teinturier, Stéphane Rozès ou Jérôme Sainte-Marie, il décide d'adjoindre ce Patrick Buisson « vu à la télé » et dont il goûte les points de vue paradoxaux.

« Seriez-vous prêt à rencontrer Nicolas Sarkozy de temps à autre ? » interroge Laurent Solly à l'automne 2004 au cours d'un déjeuner en tête-à-tête. Quelques mois plus tôt, l'ancien patron de *Minute* accusait encore le ministre de l'Intérieur d'avoir « institutionnalisé le communautarisme » en créant le Conseil français du culte musulman. Mais les sondages, qui donnent Nicolas Sarkozy vainqueur potentiel de la prochaine présidentielle, ont eu raison de ses préventions. L'opportunisme l'emporte sur l'orgueil. Buisson accepte une nouvelle rencontre, flatté d'être sollicité par le candidat en vogue. Les rendez-vous démarrent à un rythme lent : une fois par mois.

Un de ces tête-à-tête va devenir légendaire. Alors que les sondages donnent le « oui » gagnant au référendum pour la Constitution européenne, Patrick Buisson explique, catégorique, que le « non » va l'emporter à 55 %.

Pour appuyer son pronostic, il souligne la « déconnexion » entre le peuple qui souffre de l'Europe et les élites adeptes de la bien-pensance, un de ses sujets de prédilection. Il a la foi d'un anti-européen convaincu, ce qui rend son exposé plus percutant encore. Théâtral, il quitte le candidat en lançant, bravache : « Si j'ai tort, je ne reviendrai plus dans ce bureau. »

Le ton est assez assuré pour que, quelques jours plus tard, le patron de l'UMP fasse part à Jacques Chirac, un pro-européen comme lui, de cette prophétie détonante.

45 % de « oui », 55 % de « non » : Buisson ne s'est pas trompé. Il a gagné, au passage, son

ticket d'entrée en sarkozie. Impressionné par la préscience du journaliste de LCI, le postulant à la présidentielle annonce à son cabinet : « J'ai besoin de Patrick, il faut qu'il travaille avec nous. »

Buisson accepte, mais pose une condition. Outre les réunions de l'équipe resserrée auxquelles il est désormais convié, il exige de s'entretenir régulièrement avec le candidat seul à seul. Comme on le fait dans un couple, ou dans un confessionnal.

2

L'emprise

C'est Patrick Buisson qui a pris l'initiative d'inviter son ami Philippe de Villiers à déjeuner. Il a choisi l'Auberge Bressane, avenue de la Motte-Picquet, un restaurant qui sonne comme une invitation à la province éternelle, une carte qui chante la France boisée et crémeuse des romans de Pierre Benoit.

Il a longuement tergiversé, mais ce rendez-vous s'impose. Il doit annoncer à son complice qu'il a choisi Nicolas Sarkozy. Pour la présidentielle de 2007, Villiers ne devra pas compter sur lui.

Villiers et Buisson œuvrent main dans la main depuis plus de dix ans. Une réelle amitié s'est nouée entre ces deux colériques, émaillée de brouilles, de coups de gueule et de réconciliations. Leur guerre commune, ils l'ont menée lors des européennes de 1994. Philippe de Villiers, le Vendéen au verbe fleuri, le créateur du Puy du Fou, parc d'attractions à succès dédié à l'épopée chouanne, pense alors son heure venue. Le RPR s'est converti à l'Europe, le centriste Dominique Baudis conduit la liste d'union de la droite, il est convaincu qu'il y a un électorat à conquérir.

Cet ancien ministre UDF a toujours mille idées en tête ; on le surnomme l'« agité du Bocage ». Il a créé en 1991 sa propre structure, Combat pour les valeurs, qui deviendra en 1994 Mouvement pour la France. Dans la foulée, ce catholique traditionaliste s'est lancé dans la campagne du « non » au traité de Maastricht aux côtés de Philippe Séguin et de Charles Pasqua. Désormais considéré comme l'un des chefs de file de la droite souverainiste, il va cette fois présenter sa propre liste. Pour cela, il lui faut de l'argent et des conseils avisés.

La première question est rapidement résolue. Par l'intermédiaire de Marie-France Garaud, l'ancienne âme damnée de Jacques Chirac, il rencontre le milliardaire franco-britannique Jimmy Goldsmith. Le truculent homme d'affaires rêve d'aventures ; il accepte de financer la campagne du Vendéen sur sa fortune personnelle en échange d'une seconde place et d'un siège assuré de député européen. Jimmy Goldsmith investit 50 millions de francs dans l'aventure.

Patrick Buisson, qui connaît parfaitement les atouts de Philippe de Villiers – il les a décrits un an plus tôt dans une biographie –, prend en main l'élu vendéen. Il l'aide à peaufiner ses messages et le convainc de durcir encore son discours pour séduire l'aile droite d'un RPR qui ne se reconnaît pas dans la candidature de Baudis. Au passage, il tente d'imposer sur la liste son ami Alain Renault, dont le talent oratoire a fait ses preuves dans les réunions d'Ordre nouveau et du Front national. Goldsmith s'y oppose, comme Bertrand de Villiers, le frère de Philippe : pas question de transformer cette épopée en repaire de l'extrême droite.

La liste obtient le joli score de 12,34 % et se place en troisième position : assez pour acter la renaissance du souverainisme. Patrick Buisson persuade ensuite Philippe de Villiers de se présenter à la présidentielle de 1995. Entre Édouard Balladur et Jacques Chirac, deux incarnations du gaullisme « émasculé », comme il dit en zélote de la virilité, il y a de la place pour une autre candidature de droite. L'expérience se solde par un décevant 4,7 %.

À l'Auberge Bressane, ce jour-là, la table compte un troisième homme. Il a à peine trente ans, des chemises bon chic bon genre, un sourire d'enfant, mais déjà un parcours musclé à la droite de la droite. Après avoir fait ses classes au Front national de la jeunesse, il s'est engagé auprès de Bruno Mégret, avant de devenir le bras droit de Philippe de Villiers. Il s'appelle Guillaume Peltier.

Quand Patrick Buisson commence par raconter au Vendéen que Nicolas Sarkozy est un « vrai pragmatique qui s'intéresse à la France », le jeune homme garde prudemment le silence et regarde les balles passer. Villiers n'a pas besoin non plus d'un long discours pour comprendre que Buisson le lâche. Une bruyante dispute éclate dans la salle du restaurant. « Tu as choisi ton camp, tu ne me conseilleras plus ! » tonne le député de Vendée. « On fait ce qu'on peut avec ce qu'on a », tente de se défendre l'idéologue.

Adieu la Vendée et la cause perdue de l'Ouest, vive la République de Clemenceau ! Patrick Buisson a cinquante-sept ans, un âge honorable pour abandonner enfin le camp des perdants.

Rue La Boétie, au siège de l'UMP, mais surtout place Beauvau, au pied de l'Élysée, se découpe désormais, à la nuit tombée, la silhouette un peu voûtée de l'ancien journaliste de *Minute*. Le visiteur du soir gagne incognito le vaste bureau donnant sur le jardin, où l'attend le ministre-candidat. Souvent, il s'attarde avec Laurent Solly tout en gardant un œil sur le couloir : le bureau du chef de cabinet est ainsi placé qu'il permet de surveiller tous les va-et-vient au ministère de l'Intérieur. Conseiller officiel et conseiller de l'ombre échangent sur l'actualité, les derniers sondages, élaborent tactique et stratégie, discutent des déplacements de campagne, réfléchissent aux discours.

Pierre Charon, sarkozyste historique qui n'a pas de bureau attitré, se mêle souvent à la conversation. Ce pilier de la « firme », qui connaît tout des arrière-cours de la vie politique et raffole comme lui de la compagnie des Renseignements généraux, rapporte les dernières rumeurs avec des airs de comploteur.

Régulièrement, Laurent Solly finit par raccompagner « Patrick » chez lui, rue de Courcelles. L'ancien militant d'extrême droite ne conduit pas. Un problème de vue, dit-il, « comme Le Pen et Villiers », lequel a souffert d'un cancer oculaire. Buisson s'amuse de cette coïncidence : « C'est quand même drôle, on a tous les trois perdu notre œil droit ! »

Dans les réunions qui s'organisent autour du candidat, Patrick Buisson ne reste pas longtemps une présence parmi d'autres. Le nouveau conseiller a l'art de convaincre et d'appuyer son propos d'un regard qui ne laisse pas de place aux contradictions. Méthodique, appliqué, travailleur, il arrive avec des fiches consciencieusement préparées, des argumentaires étayés et des formules simples mais claquantes qui font toujours effet. Ségolène Royal, la rivale de cette présidentielle, c'est lui qui la raconte le mieux, sans jamais la sous-estimer : « Fille de Mitterrand », elle est « l'alliance de l'imaginaire catholique et du psychisme militaire », « le révélateur de l'inconscient de droite et de gauche »...

« Impensé », « thématiques clivantes », « angles morts »... Buisson a le sens du concept flou mais intimidant et l'art d'envelopper ses sentences lapidaires d'un jargon sociologique qui laisse sans repartie le bras droit et ami de trente ans de Nicolas Sarkozy, Brice Hortefeux, le conseiller pour la presse Franck Louvrier, le directeur de cabinet Claude Guéant, la « boîte à idées » Emmanuelle Mignon, l'ancien publicitaire Jean-Michel Goudard et même le sondeur Pierre Giacometti – « le Pierre », comme dit Buisson, qui s'est pourtant toujours méfié de lui.

Plus la campagne avance, plus « Patrick » s'impose. Toujours en clandestin. En sarkozie, on ne tient pas à faire savoir que le candidat se fait aider par un ancien « facho ». Par prudence, on évite ainsi, lorsque Buisson est présent, de convoquer un autre nouveau venu, le rallié de la mitterrandie Georges-Marc Benamou. « N'oublions pas de demander à Patrick... », se trahit un jour Laurent Solly. L'ancien patron de *Globe* lève un sourcil. « Qui est Patrick ? » interroge-t-il. « Oh, Buisson, ce n'est pas ce qu'on dit. Il n'est pas si antipathique, répond Goudard. C'est même un brave mec. » Benamou comprend qu'une « seconde équipe » entoure le candidat.

Jusqu'à la victoire, personne, dans le monde de la politique et des médias, ne prend la mesure du rôle joué par Patrick Buisson. Il ne se rend jamais rue d'Enghien, au quartier général de campagne du Xe arrondissement de Paris, évite les déplacements avec la presse, ne se montre que sur les plateaux de LCI.

Qui pourrait imaginer que ce spécialiste de l'opinion, qui analyse chaque semaine les accidents et vicissitudes de la campagne présidentielle, est aussi le conseiller de l'ombre d'un des duellistes du match présidentiel ? Au sein de la chaîne, le journaliste Michel Field est le seul à s'amuser de la scène ubuesque qui se déroule chaque semaine dans son émission : le conseiller occulte de Nicolas Sarkozy et celui de Ségolène Royal – le constitutionnaliste Olivier Duhamel – rodant à la télévision les arguments que les deux candidats exposeront un peu plus tard… sur les tréteaux.

Patrick Buisson a un atout supplémentaire sur ses rivaux : il a plusieurs métiers dans son sac. Il n'est pas seulement un analyste de l'opinion, il fournit au candidat une feuille de route, comme il dit. À Sarkozy, il fixe un objectif : arriver en tête au premier tour avec plus de 25 % des voix – un score que Jacques Chirac n'a jamais pu réaliser. Le secret de la victoire se trouve, selon lui, chez ces Français – un salarié sur deux, insiste-t-il – qui gagnent moins de 1 500 euros par mois, dans cette France précaire qui a voté Le Pen en 2002 et « non » au référendum sur le traité constitutionnel européen. Chez le « petit Blanc » qui « a peur de tomber dans le caniveau ».

Sa thèse ? Puisque les Français ne croient plus en l'État, rien ne sert de parler d'économie. Pas davantage d'écologie, laquelle, selon le conseiller, « ne ramène pas une voix ». Pour conquérir le peuple, seuls comptent les valeurs (le travail, la nation, l'autorité) et les thèmes « régaliens » (ordre, sécurité, immigration) – un mot qu'il remet à la mode. Le conseiller parsème la campagne de rendez-vous symboliques pour aider le candidat à incarner le pays.

Les modèles de l'idéologue ne sont pas les siens et ne ressemblent en rien à Georges Mandel, ce résistant juif assassiné par la Milice en 1944 auquel le candidat a consacré une biographie. Mais Nicolas Sarkozy, qui a perdu son ami Jean-Michel Gaillard en 2005, a trouvé en Buisson son historien de remplacement.

Sur les conseils de Patrick Buisson, il entame en janvier 2007 sa marche vers l'Élysée au Mont-Saint-Michel, image de la France éternelle et catholique, qu'il gravit seul, le regard porté au loin, comme habité. Avec Henri Guaino, ce souverainiste qui inspira à Jacques Chirac la fameuse « fracture sociale » de 1995, le conseiller occulte fait souffler sur les discours un vent épique, mêlant références historiques et citations de grands hommes, de Jean Monnet à de Gaulle, en passant par Victor Hugo, Jean Jaurès ou Léon Blum. Nicolas Sarkozy, insiste Buisson, doit se « réapproprier » la France.

L'électorat populaire reste, pour lui, l'alpha et l'oméga de la victoire. Pour conquérir le « jeune apprenti blanc », il convainc Nicolas Sarkozy de se montrer dans les usines. L'équipe de campagne prend pour modèle une photo de François Mitterrand, où l'on voit celui-ci prendre la parole devant des ouvriers en bleu de travail. Cette scénographie est reprise au détail près dans chaque usine où Nicolas Sarkozy vient vanter les mérites de la « France qui se lève tôt ». Une formule choc qui, pour les initiés, fleure bon son Patrick Buisson.

Il y a toujours, dans une campagne, un moment de doute et de découragement où un conseiller pousse son avantage, prend l'ascendant sur les autres et gagne son ticket pour les lendemains de victoire.

Chez Patrick Buisson et Nicolas Sarkozy, le pacte se noue en février 2007. Un vent d'inquiétude gagne depuis quelques jours l'entourage du candidat. François Bayrou ne cesse de prospérer dans les sondages – quelques jours durant, il est même donné vainqueur, dans certaines enquêtes d'opinion, sur Ségolène Royal. Un scénario catastrophe s'esquisse : s'il se retrouve face au centriste au second tour, la défaite est assurée pour Nicolas Sarkozy.

Le 11 février 2007, lors d'une réunion devant ses comités de soutien à la Mutualité, le candidat de la droite évoque pour la première fois l'idée d'« ouverture ». C'est l'incompréhension dans son électorat. « Une énorme connerie ! » s'emporte Buisson, ivre de rage : pour creuser à nouveau l'écart avec la candidate socialiste, « Nicolas » ne doit surtout pas reprendre l'antienne de la dette martelée par François Bayrou et continuer à dénoncer, comme le 5 février sur TF1, les musulmans qui « égorgent les moutons dans leur salle de bain ». Le choix de Simone Veil pour présider le comité de soutien ? « Une erreur magistrale. » « Tu as percé parce que tu as su transgresser, rabâche Buisson. Là, tu te notabilises. »

Nicolas Sarkozy se laisse convaincre. Trois jours plus tard, au journal télévisé de France 2, il s'engage, s'il est élu, à créer un « ministère de l'Immigration et de l'Identité nationale ». Une annonce plus qu'iconoclaste, du jamais vu sous la Ve République, que les conseillers du candidat et les cadors de l'UMP découvrent sidérés devant leur poste de télévision.

« Qu'est-ce que c'est que ce truc ? » s'exclame Emmanuelle Mignon, qui regarde l'émission en compagnie de Sébastien Proto et de Julien Vaulpré, deux jeunes « technos » qu'elle fait plancher sur le programme. Emmanuelle Mignon ne s'effarouche pas des clins d'œil appuyés aux électeurs du Front national, mais n'imaginait pas son candidat capable d'aller si loin. La gauche, indignée, outrée, hurle d'effroi, mais… la cote de Nicolas Sarkozy remonte d'un coup dans les sondages.

Il y a toujours eu, dans l'entourage des rois de France, un Richelieu ou un Mazarin capable de remettre le monarque à cheval. Patrick Buisson est celui-là, en ces derniers mois de campagne. Et davantage encore. C'est comme s'il possédait un philtre particulier. Nicolas Sarkozy observe, fasciné, l'ensorceleur qui, par la grâce d'une trouvaille, fait bouger en quelques jours les lignes des enquêtes d'opinion. Et redonne l'avantage à son champion.

Une relation nouvelle se met en place, en ce mois de février 2007, entre le prince et son conseiller. Qui s'en aperçoit sur le moment ? Personne, pas même Nicolas Sarkozy. C'est une histoire d'hommes, un début de liaison dangereuse par sondages interposés, un jeu de séduction qui dérive vers l'emprise. Le futur président ne peut plus se passer de « Patrick » ; il semble perdu dès que son souffleur s'éloigne de lui. Georges-Marc Benamou repère sans comprendre les nouveaux tics de langage du candidat : « Il est shooté à l'"EPO" idéologique », raconte-t-il dans Paris. « Sarkozy apprend vite », se vante de son côté l'ancien journaliste de *Minute* dans les couloirs de LCI. « Je fais ce que je veux de lui. »

On a oublié aujourd'hui le calvaire personnel que vit alors Nicolas Sarkozy ; l'épreuve intime qu'il endure, tout en menant campagne. Son épouse Cécilia l'a quitté en 2005 pour le communicant Richard Attias. « L'éclairagiste », comme le candidat surnomme l'organisateur de son grand congrès d'intronisation à la tête de l'UMP, en 2004.

Depuis près de vingt ans, Cécilia était sa femme, son soutien de tous les instants, sa plus proche collaboratrice. « Nous gravirons les marches du pouvoir ensemble », lui avait-il promis dès leur rencontre. Elle est revenue vers lui en 2006, mais à contrecœur, davantage par devoir que par envie. Il n'a peur que d'une chose, la perdre à nouveau.

Le champion de la droite doit se battre à la fois contre ses adversaires et contre le désamour d'une épouse qu'il s'efforce de reconquérir. Son humeur devient exécrable. Il annule des réunions au dernier moment, passe ses nerfs sur ses collaborateurs. « Ce n'est vraiment pas facile », souffle-t-il à Buisson entre deux meetings, comme s'il attendait de son nouvel oracle plus qu'un conseil : une solution. N'a-t-il pas enrayé son faux plat dans les sondages après avoir prédit la défaite du « oui » au référendum ?

Amoureux à la dérive, Nicolas Sarkozy mendie les prophéties de son conseiller de l'ombre. Cécilia va-t-elle revenir ? Patrick Buisson, cet homme auquel on ne connaît ni passion ni liaison, ce fou d'archives qui s'abîme chaque soir les yeux sur les traces des bordels français sous l'Occupation, se transforme dans le secret du bureau du candidat en conseiller matrimonial.

« Tu vas gagner et tout rentrera dans l'ordre », promet-il. Il y croit un peu, au fond, lui qui pense les femmes fascinées par l'aura du pouvoir. « Le 22 avril, tu vas faire plus de 25 % des voix, peut-être même 30 %. Et alors tout changera. » La première partie de l'oracle se réalise : 31, 2 % au premier tour, 53,06 % au second. La victoire est sans appel ; un véritable hold-up sur l'électorat du FN. « Il a donné à Sarkozy les mots, les codes, le langage qu'il faut employer vis-à-vis des électeurs du Front national », soupire alors son ami Jean-Marie Le Pen.

Le 6 mai 2007, pendant que les militants attendent le vainqueur sur la place de la Concorde et que Nicolas Sarkozy guette sa femme qui ne vient pas, Patrick Buisson commente avec Jean-François Rabilloud, Christophe Barbier et Jérôme Jaffré, sur LCI, les résultats de la présidentielle. Comme pour les précédentes élections. Ce soir, pourtant, tout a changé, mais ils sont peu à le savoir. Patrick Buisson d'abord, qui sait l'heure de sa résurrection arrivée. Martin Bouygues, ensuite, qui fait partie des happy few conviés au Fouquet's et compte désormais dans ses équipes l'homme qui souffle à l'oreille de son ami président. Pauline de Préval, enfin, qui n'a jamais travaillé qu'avec lui et se demande ce que va devenir la vie sans Patrick Buisson.

3

Pauline

Plus encore que cette chevalière à son doigt fin, aux armes de sa famille, il a d'emblée aimé son nom et son prénom, le jour où on lui a présenté la jeune femme, à LCI.

Pauline de Préval, un ensemble musical qui fait d'elle une héroïne égarée dans le siècle. Pauline, le prénom de la « fiancée » du *Hussard sur le toit* de Jean Giono, Pauline de Théus. Préval, le patronyme d'Antoinette de Préval, la dame de cœur du colonel de La Rocque – sa plus proche collaboratrice, qui voua à ce nationaliste chrétien, figure honnie de la gauche dans l'entre-deux-guerres, un long et pur amour platonique.

C'était en 1998. Pauline de Préval sortait de Sciences Po Paris. Après un tour du monde qui l'avait conduite en Inde, en Indonésie et au Vietnam, financé en travaillant pour un photographe – la noblesse d'épée est souvent désargentée –, elle venait d'échouer au service communication de la chaîne, presque par désœuvrement. Elle s'y ennuyait ferme, comme souvent depuis son adolescence – Pauline ressemble à ces enfants de la comtesse de Ségur qui vivent de rêves et d'aventures dans un monde rangé et policé.

Un certain Patrick Buisson, lui glisse-t-on, a besoin de stagiaires. On la prévient. C'est un homme intelligent, rusé plus exactement, dont la nouvelle émission politique fait merveille, mais exigeant, autoritaire, volcanique et misogyne. Depuis son arrivée dans la chaîne, un an plus tôt, il use les stagiaires, surtout les filles. Un type pas facile, qui vient de la droite « dure », ajoute-t-on en baissant la voix.

Pauline n'est pas de celles que ces itinéraires rebutent. Sa mère, Olga, d'origine russe, est arrivée en France via la Tchécoslovaquie en 1948. Elle-même, dans sa jeunesse, a frayé avec les jeunes royalistes du fanzine étudiant *Les Épées*. Elle y a écrit un texte sur Jacques Perret, l'auteur du *Caporal épinglé*, écrivain monarchiste devenu la référence des Hussards et de Roger Nimier.

Elle veut tenter sa chance. Découvrir en même temps le montage, le tournage, la recherche d'archives, bref, la télévision.

Patrick Buisson préside alors aux destinées du « Journal des régions », une des émissions de la chaîne d'information en continu. Après avoir été écarté de *Valeurs actuelles*, il a trouvé refuge à LCI par l'intermédiaire d'Alain Johannes, un journaliste amateur de sondages, qui lui a fait rencontrer Jean-Claude Dassier, le patron de la chaîne.

À Dassier, cet ex-journaliste d'Europe 1 qui a rejoint le service des sports de TF1 au moment de sa privatisation, Buisson propose une émission où il inviterait chaque semaine des sondeurs pour débattre de deux ou trois thèmes d'actualité, ainsi que des dernières études d'opinion. Moyennant cette belle exposition médiatique, ils offriraient ainsi à la chaîne des enquêtes sans qu'elle ait à débourser un sou. Le directeur de LCI l'écoute avec intérêt. Il ne cache pas ses opinions de droite, s'intéresse à la politique, et la chaîne est chichement dotée. « Banco. De toute façon, ça ne coûte rien d'essayer. »

En quelques mots, Dassier acte la reconversion de Patrick Buisson dans les sondages et la télévision, et signe son passeport vers la respectabilité.

« C'est un facho », grognent certains dans les couloirs de la chaîne info, mais, dans le groupe TF1, les révoltes ne deviennent jamais des révolutions.

Le « Club de l'opinion » s'installe dans la nouvelle grille. Chaque semaine, un nouveau sondeur est invité et livre ses décryptages en même temps que ses études. Jérôme Jaffré, Jérôme Sainte-Marie, Hugues Cazenave, Stéphane Rozès, Philippe Méchet, Romain Pache, Pierre Giacometti, tout ce que la place de Paris compte de spécialistes de l'humeur des Français défile dans le studio de LCI autour de la table de l'ancien journaliste. On sait moins que ces sondeurs, à l'exception de Jaffré et de Giacometti, deviennent aussi actionnaires de Politique Opinion, une petite société qui édite une lettre hebdomadaire gratuite consacrée au décryptage des sondages créée par l'homme d'affaires Patrick Buisson.

Comme il est loin, l'ancien journaliste qui, en novembre 1980, dans *Minute,* consacrait quatre pleines pages aux « combines financières et copinages politiques » des sondeurs ! L'idéologue a compris depuis l'intérêt de maîtriser les outils de mesure de l'opinion pour faire pression sur les politiques et faire progresser ses idées. Leur potentiel lucratif, aussi. « Je rêve d'un journal qui ne paraîtrait pas et qui ne servirait qu'à menacer les gens, expliquait-il alors. On leur dirait : "Les résultats dans votre circonscription vont être mauvais, on a les sondages. Si vous ne payez pas, on les publie !" »

On se presse, on se bat pour être invité sur son plateau. Pour les sondeurs, l'émission est une vitrine rêvée. En ce début des années 1990, les réseaux sociaux n'existent pas encore, et ces obscurs collecteurs de statistiques accèdent à une notoriété inespérée. Mieux, ils s'y font repérer par les hommes politiques. Les élus proposent alors des contrats juteux à leurs instituts : le financement de la vie politique commence tout juste à être encadré, et l'argent coule à flots dans des partis à la trésorerie souvent opaque.

Pour Patrick Buisson, l'association est également payante : il revend à ses clients, Alain Madelin ou Philippe de Villiers, des éléments que lui livrent gratuitement ses invités-associés. Et les études qu'il commande sont facturées en toute légalité à la fois aux politiques et aux médias, une technique astucieuse qui lui permet de s'assurer de confortables revenus.

Le voilà fréquentable. Adieu, l'apparence négligée et l'esthétique de l'extrême droite. Adieu, les lunettes d'aviateur fumées des années 1970. Devant leur petit écran, les anciens copains de *Minute* découvrent les cravates neuves chamarrées et l'éventail de chemises pastel du nouvel *anchorman* de LCI qui, chaque année, se voit confier de nouvelles émissions de décryptage politique : « Politoscopie », en 1999 et 2000, « 100 % politique » à partir de 2001, qu'il coanime avec David Pujadas, « Un livre, un débat », puis « Questions qui fâchent » à partir de 2005.

Mais c'est avec « Politiquement show », qu'il anime de 2005 à 2007, que Patrick Buisson devient un des personnages incontournables de la grille : ses rendez-vous sont les plus regardés par les téléspectateurs de la chaîne. Le dérapage d'octobre 2002 dans l'émission « Un livre, un débat » est vite oublié. Ce jour-là, Patrick Buisson avait réuni les sulfureux Guillaume Dustan, écrivain homosexuel revendiqué, Renaud Camus, qui soutiendra plus tard le Front national, et Alain Soral, devenu ouvertement antisémite, pour un débat sur le « communautarisme gay ». On y entendait, sans contradiction, que « la femme est inférieure à l'homme » et qu'il n'existe en France « que de l'hétérophobie ». Patrick Buisson comparait même la communauté homosexuelle aux Juifs, « ce peuple sûr de lui et dominateur ».

Sans ces détails qui mettent certains mal à l'aise – comme, autre exemple, ce jour où Jean-Marie Le Pen arrive à une émission avec un cadeau pour son hôte –, qui se souviendrait du passé de M. Buisson ?

Dans la chaîne, aussi, le journaliste s'est imposé. Jean-Claude Dassier en a fait son allié, comprenant que Buisson, qui fréquente désormais de plus en plus assidûment le candidat

Sarkozy, devient un atout politique de choix. Lorsque les deux hommes s'en vont déjeuner de concert, Jean-Claude Dassier regagne son bureau tard dans l'après-midi, un peu éméché, avec des idées qui semblent tout droit sorties du cerveau de son nouveau protégé. Il coupe les ponts avec Ruth Elkrief, une des journalistes-phares de la chaîne, que « Patrick » juge trop partiale dans son traitement du conflit israélo-palestinien. « Tu es la représentante de Sharon en France ! » lui lance Dassier à l'hiver 2001. Elle préfère quitter LCI quelques mois plus tard. La chef du service politique de la chaîne, Anita Hausser, que Buisson méprise ouvertement, suivra le même chemin.

Zélée, appliquée, Pauline, elle, ne quitte plus son mentor. Elle marche derrière lui dans les couloirs : « Il ne manque plus que la laisse », grince un journaliste de la station. Patrick Buisson apprécie son côté « bon élève ». Son bac avec mention « très bien », son diplôme de Sciences Po, son sens de l'organisation et son dévouement – tout cela convainc Buisson d'avoir déniché la perle rare. Elle a en outre le don de débusquer des archives inédites et, il faut bien le dire, des sujets qui plaisent au chef. Corvéable à merci, elle travaille plus de dix heures par jour. Tandis que « Patrick » consacre de plus en plus de temps à guider Nicolas Sarkozy sur la route de l'Élysée, Pauline règle les émissions, organise les plateaux. Elle lui est devenue indispensable.

Il adore la politique, elle s'y ennuie, mais ils ont la passion de l'histoire en commun. Elle aime les oiseaux et la nature, comme son père, ingénieur agronome trop tôt disparu, et saint François d'Assise ; il fuit le soleil et les grands espaces, ne connaît rien de la planète, souffre d'une peur phobique de l'avion. Elle a vécu à Londres et à Barcelone, au gré des affectations de son père, se passionne pour les langues – depuis qu'elle a rejoint la France, sa mère est devenue traductrice. Il n'en parle pas d'autre que le français, qu'il prononce de manière gutturale, en dodelinant étrangement de la tête. Elle lui répond avec sa voix particulière, douce et un peu grinçante à la fois.

Plane autour de cette jolie brindille blonde au port altier un je-ne-sais-quoi de mystérieux qui le fascine. Une résistance à l'autorité, comme chez les véritables anarchistes de droite. Quoique fille d'une orthodoxe, Pauline a été élevée comme ses deux frères dans la religion catholique. Elle a lu tous les écrits des Pères de l'Église et, après une rébellion adolescente qui l'a détournée de la religion, elle se rend désormais tous les matins place Victor-Hugo à la messe célébrée par une communauté de chartreuses dont elle est devenue très proche, les Sœurs de Bethléem. Et s'échappe régulièrement pour suivre quelque retraite dans l'un des monastères des sœurs, en Haute-Savoie ou dans le Var.

Jeune fille, elle a rêvé de devenir concertiste. Pendant des années, elle a passé six heures par jour sur son piano, guidée par un vieux professeur russe. Elle peut jouer tous les motets de Guillaume de Machaut. À Patrick Buisson, qui se flatte de connaître la musique de la Contre-Réforme du XVIe siècle presque aussi bien que les dessins anciens italiens et flamands, elle fait découvrir le morceau du compositeur qu'elle préfère : « *Fiat voluntas tua* », qui commence ainsi : « Qui plus aime endure. »

« Tu n'es pas comme les autres », lui souffle-t-il un jour. Pauline et Patrick passent leurs journées ensemble, déjeunent dans les brasseries alentour. Il lui offre des livres rares, lui demande de l'accompagner chez lui, aux Sables-d'Olonne. Leur couple étrange fait fantasmer la tour TF1. Dans les couloirs et autour des machines à café, les employés s'interrogent à voix basse sur cette alliance détonnante et fusionnelle.

Que projette-t-elle en lui, au fond ? Ses grandes phrases qui s'envolent, ses longs et savants exposés semblent la combler ; sa logorrhée et sa graphomanie remplir une part de sa vie qui semblait vide. Elle l'écoute durant des repas entiers sans parler. Il s'amuse de son âge : son fils Georges est d'un an seulement le cadet de la jeune femme, née le 28 août 1975. Une coïncidence que Patrick Buisson souligne avec des mots étranges, comme pour mieux faire détester l'envahissante assistante à un Georges qui peine à trouver sa place : « Pauline est la fille que j'aurais dû avoir. »

4

« Ce pauvre Georges »

Pauline et Georges ont le même âge. Mais il semble tellement plus jeune ! Il porte des blazers, des pantalons en gabardine et des cravates qui paraissent d'une autre époque, hérités de cette bonne société de Neuilly où son père a choisi de le faire grandir, pour qu'il en copie les manières et les codes. À Sainte-Croix, le grand collège catholique huppé de la ville, il a appris à se couler dans l'univers de la bourgeoisie. Mais son visage juvénile, ses joues rebondies trahissent l'enfant qui n'aurait pas grandi, écrasé par un père trop présent.

Son prénom, c'est celui de son grand-père, Georges Buisson, le camelot du roi. Un hommage que Patrick, jeune papa de vingt-six ans, rend ce 1er août 1976 à son propre géniteur qui s'est éteint quelques mois plus tôt. Patrick Buisson s'était marié au fond de la Bretagne, à l'abbaye de Kergonan, dans le monastère bénédictin qui seul rattache, à l'époque, Patrick Buisson à la religion. Malgré la réforme du pape Paul VI, un moine y célèbre encore la messe selon le rite traditionnel de saint Pie V.

Christine a quitté son mari cinq ans après la naissance de leur fils, qu'ils ont fait baptiser, comme naguère Patrick Buisson, à l'église Saint-Ferdinand-des-Ternes, la paroisse de la famille. Alors que Georges va sur ses douze ans, son père obtient sa garde exclusive, privilège extrêmement rare à l'époque. « J'ai fait interner ma femme », prétend-il devant un complice de *Minute*, où il est entré quand Georges était encore un tout petit enfant.

Il faut reconnaître à Patrick Buisson une belle obstination à jouer son rôle de père. C'est le début d'une vie à deux, d'une vie entre hommes. Un tandem difficilement déchiffrable si Patrick Buisson n'en avait pas inconsciemment livré quelques clés dans un livre méconnu, *Sacha Guitry et ses femmes*, publié en 1996 chez son éditeur, Albin Michel.

Davantage que la vie amoureuse du dramaturge, ce sont les relations entre Sacha Guitry et son père qui intéressent Patrick Buisson. Lucien, cet homme volage mais aimant, qui perd la garde de son fils au terme d'une longue procédure qui désespère Sacha : « Le seul amour de sa vie, celui qui survit à tout, celui dont rien, ni le temps ni la mort, ne viendra à bout », c'était ce « pâpâ », écrit Buisson. « Dans le tombeau des Guitry, où les femmes n'ont pas droit de séjour,

Lucien a voulu qu'il ne reste qu'une place, celle de Sacha », poursuit l'auteur. Personne en effet ne doit venir « troubler le colloque éternel du père et du fils ».

Dans la vie, Buisson méprise la psychanalyse. Pas dans ses livres. Il note, gourmand, que dans *Mon père avait raison*, pièce écrite par Guitry à l'âge de trente-quatre ans, « Sacha se libère d'un tabou intériorisé depuis l'enfance » et règle ses comptes avec une mère castratrice qui l'a privé de son père adoré. L'intrigue théâtrale prend le contre-pied de l'existence du jeune Guitry. Il imagine une mère qui quitte le foyer et un mari délaissé qui choisit d'élever seul son fils. « Le départ de la mère est un espace ouvert à l'harmonie et à la complicité entre le père et le fils que sa présence interdisait, écrit Buisson. Que s'interpose une autre femme, et l'univers en miroir des deux hommes se brise. »

Craint-il à son tour, lorsqu'il écrit ces lignes, que son fils de vingt ans ne lui échappe ? On croirait lire l'histoire des Buisson, ou presque. Lui-même a gommé la mère de Georges du tableau familial. C'est simple : dans la famille, comme chez les amis de « Patrick », Christine n'existe ni dans les conversations ni dans les souvenirs. Son prénom n'est jamais prononcé, et personne ne se risquerait à poser une question sur cette mère taboue et fantôme. « Les femmes, on s'en fout, il faut que tu gardes tes enfants », lance-t-il un jour au sondeur Jérôme Sainte-Marie lorsque celui-ci divorce à son tour. Pour lui, seule compte l'autorité paternelle. Et quelle autorité !

L'ambiance n'est pas toujours paisible dans le foyer. De son enfance et de son adolescence, Georges a gardé une étrange façon de rentrer les épaules, de fuir les regards insistants. De se taire, aussi, quand son père accapare la conversation, sans se soucier de savoir s'il intéresse la tablée, ou lorsqu'il explose dans une colère brutale parce qu'un café est froid. Georges ne se plaint pas. Il a conservé de sa jeunesse troublée l'habitude de mettre ses pas dans ceux de son père.

Patrick Buisson juge qu'une conscience politique se forge au plus jeune âge, se transmet et se vit dans sa chair. Il n'a pas oublié ces journaux empilés sur la table, chez lui, alors que, âgé de cinq ans, il commençait tout juste à lire. Ils racontaient la « Toussaint rouge » en Algérie. Il se souvient aussi de ce jour où, à quinze ans, il a accompagné sa mère sur les Champs-Élysées pour défiler contre l'entrée des chars soviétiques à Budapest, en 1956. Ou encore du récit que lui fit son père lorsque, en 1923, Charles Maurras ne fut pas élu à l'Académie française : « Je me souviens de la mine enjouée que tu prenais pour nous raconter comment, le Quai Conti ayant préféré à la compagnie de Maurras celle de l'illustre Célestin Jonnart, un âne coiffé d'un bicorne et affublé de l'habit vert descendit le boulevard Saint-Michel », écrit-il dans une « lettre à son père » publiée par la revue *Item*, en 1976.

À son tour, il raconte à son fils l'histoire en images : cimetières, monuments aux morts, films de guerre… Où qu'aille Patrick, Georges est là, pas loin. À La Trinité-sur-Mer, où le journaliste de *Minute* s'en va retrouver Jean-Marie Le Pen, « le fils de Pierre-Marie, patron pêcheur mort pour la France », et dont, mois après mois et élection après élection, il brosse dans ses articles l'ascension politique. Dans les locaux de *Minute*, avenue Marceau, où Buisson traîne son fils les jeudis après-midi ou les jours sans école. Les journalistes surnomment aimablement le petit garçon « l'affreux jojo » dans le dos du patron. De meetings en réunions publiques, de manifs en défilés, l'enfant observe son père renifler les humeurs du peuple de France. Le cortège géant pour l'école libre, qui rassemble plus d'un million de personnes à Paris, le 24 juin 1984, et finit par faire plier François Mitterrand, Georges en est ; il n'a pas huit ans. Chez les Buisson, il n'est jamais trop tôt pour battre le pavé.

Georges est doué, « surdoué », dit son père, mais ceux qui le croisent alors gardent aussi le souvenir d'un gamin sûr de lui qui ne disait jamais « bonjour ». Puis d'un adolescent aux étranges absences. Après le bac, et malgré une culture historique encyclopédique, il rate le concours de Sciences Po : le début d'une série d'échecs. Il rêve de cinéma mais s'inscrit en droit, puis s'oriente vers... le journalisme, comme son père. Georges Buisson intègre, en 1999, l'IPJ, une école de presse parisienne, où il se révèle un élève subtil. Une jolie plume qui choisit la spécialité « presse écrite » et refuse, en deuxième année, la formation « télévision ». Mais un élève effacé, qui ne se mêle guère à ses camarades.

Si la direction de l'école le remarque en cette fin des années 1990, ce n'est ni pour son esprit ni pour son caractère. Georges Buisson se fond dans la masse. Mais il est absent, souvent. Deux jours. Trois jours. On le convoque. « Je dois travailler pour mon père », explique-t-il. Ou : « Il faut que je fasse un travail urgent. » Le stage de deuxième année, si important à l'école, il l'expédie en un mois. La directrice d'études, Catherine Lambret, qui a appris que le père de son élève dirigeait la rédaction de *Valeurs actuelles* après celle de *Minute*, réclame pour lui un peu d'indulgence : « Ce pauvre Georges... »

L'apprenti journaliste est déjà versé dans les affaires. « Pour son bien », encore. Avant même son propre frère Jean-Pierre, un paysagiste qui vit dans la banlieue parisienne, Patrick Buisson a installé son fils dans ses deux sociétés de conseil. Georges n'est qu'un étudiant de vingt ans lorsqu'il préside l'assemblée générale de Politique Opinion, cette petite société que son père a créée peu après sa grande sœur Publifact et dont il possède un quart des parts, presque autant que son père.

Diplôme en poche, il aurait pu tenter de voler de ses propres ailes. Mais non. Papa s'occupe de tout. « Il ne veut pas que j'intègre une rédaction, il dit qu'un bon journaliste doit d'abord comprendre les sondages », se plaint Georges auprès de ses rares copains de promo.

Le politologue demande à son ami le sondeur Philippe Méchet de le prendre sous son aile. Le stagiaire passe chez Louis-Harris, à la Sofres, et même brièvement par le service communication de la mairie de Corbeil-Essonnes, le fief de Serge Dassault.

Georges porte alors de longues boucles et arrive dans les instituts de sondage avec *Libération* sous le bras – timide, mutique, mystérieux, on le surprend parfois immobile sur son bureau, la tête posée sur ses bras, comme écrasé par d'indicibles secrets. Il accuse là encore des retards inexpliqués.

En 2001, Patrick Buisson se tourne à nouveau vers l'ami Méchet, qui dirige désormais la communication d'EDF. Peut-il prendre Georges au service de presse de l'entreprise ? « Tu vois, je t'aide », dit le père à son fils, avec cette manière bien à lui de donner aux autres l'illusion qu'il les soutient, pour en réalité mieux les garder sous sa coupe.

Comme attaché de presse, le jeune homme donne satisfaction. Mais quand Philippe Méchet quitte l'institut de sondage, Patrick explique à l'ancien sondeur que son fils s'ennuie. Il veut, dit-il, travailler « dans la défense ». Méchet appelle donc Jean-François Bureau, qui a créé quelques années plus tôt la délégation à l'information et à la communication du ministère de la Défense. Voici Georges plongé dans ce monde que son père a toujours adoré, celui des militaires, des archives, et des images du passé.

5

Une chaîne en récompense

« S'il n'y a que ça pour lui faire plaisir ! » se réjouit Martin Bouygues en ce début d'été 2007. Nicolas Sarkozy vient de confier au patron du groupe de travaux publics, son vieux copain, le rêve que caresse Patrick Buisson : une chaîne de télévision.

Le nouveau président a le ton audacieux de ces amoureux prêts à mettre le monde aux pieds de ceux qu'ils redoutent de voir s'en aller. Il lui doit sa victoire, insiste-t-il, il faut le remercier.

Son conseiller s'était ouvert à lui peu avant la victoire, avenue Montaigne, dans un des salons du Plaza Athénée. C'était le jour du débat de l'entre-deux-tours de la présidentielle avec Ségolène Royal. Entre deux considérations tactiques et des sondages flatteurs, le moelleux des fauteuils avait délié les langues et précipité les confidences. Il avait été question d'avenir.

Avant même que le candidat de l'UMP ne le propose, l'expert ès sondages refuse tout titre dans le futur organigramme de la présidence, et même un bureau à l'Élysée. L'éminence grise de Nicolas Sarkozy est un homme d'affaires avisé qui veut garder sa liberté. « Je ne veux pas perdre ma vista », explique-t-il. Ou encore : « L'influence, c'est la distance. » Il souhaite surtout conserver son salaire à TF1. Bien sûr, rassure-t-il, il sera là pour aider le président jusqu'en 2012. Mais puisqu'il est question de récompense, et parce qu'en politique on ne laisse pas passer sa chance, il se lance : ce qu'il souhaite, c'est la chaîne Histoire, cette petite télé diffusée par câble et satellite qui se consacre au passé. Un choix de militant autant qu'un rêve d'enfant. Diriger Histoire, c'est une manière de ressusciter les gloires et les combats oubliés, de réécrire à sa façon le roman national. La chaîne sera une formidable vitrine pour continuer à asseoir cette respectabilité retrouvée.

Martin Bouygues n'est pas fâché de cet arrangement. Le président lui en sera redevable, et TF1 comptera désormais en son sein un lien direct et privilégié avec l'Élysée. Nul doute que Patrick Buisson continuera à alimenter de ses informations le directeur général de LCI, Jean-Claude Dassier, et garantira à TF1 la priorité des interventions présidentielles. En juillet 2007, après avoir présenté la soirée des élections législatives, qui consacrent la victoire de la droite,

Patrick Buisson abandonne donc l'antenne de LCI, prêt à gagner, dans la même tour, son nouveau repaire.

La chaîne a été lancée dix ans plus tôt par le service public, avant de rejoindre le giron du groupe TF1. À sa tête, Didier Sapault, un énarque agrégé d'histoire, qui tente de gonfler son stock de programmes et noue des partenariats avec la revue *L'Histoire* et les Rendez-vous annuels de Blois. Mais, à la fin de l'été 2007, Nonce Paolini le convoque. Il ne faut pas longtemps à Sapault pour comprendre que, derrière les circonlocutions désolées du patron de TF1, ordre lui est donné de céder la place. À l'automne, Patrick Buisson, conseiller de l'ombre du président de la République, devient officiellement directeur général de la chaîne Histoire.

La petite télé ressemble à ces rédactions où Buisson a toujours aimé travailler. Une PME à taille humaine, qu'il peut entièrement contrôler : la chaîne n'a jamais compté plus de quinze collaborateurs. Seule différence avec *Minute* ou *Valeurs actuelles*, l'open-space qui les abrite dans la tour TF1. L'arrivée du nouveau trio sur ce plateau sans murs ni cloisons fait sensation.

Patrick Buisson investit les lieux en commando. À ses côtés, Pauline de Préval, qui, sous des abords timides, laisse deviner sa grande complicité avec le nouveau « patron ». Pour 4 400 euros par mois, elle se voit confier la responsabilité éditoriale de la chaîne. Avec elle, un inconnu dans la tour, Georges, dont le nom de famille et l'allure ne laissent, eux, guère de doutes sur ses liens avec le nouveau responsable : c'est le fils du directeur. La rédaction le voit arriver comme l'espion du patron.

Patrick Buisson lui a demandé de quitter le service de presse des armées pour le rejoindre. « Je vais être accaparé par Sarkozy, il me faut quelqu'un pour faire tourner la boîte. » Peu lui importe que son fils rêve de devenir journaliste et se passionne pour la réalisation. Pour la gestion financière de la chaîne, les partenariats, les parrainages, il lui faut un homme de confiance. Quelqu'un qui supervise tout et, comme à Publifact, sache se montrer discret.

Georges contrôle les factures, justifie les notes de frais, réserve hôtels, taxis et restaurants... En lot de consolation, son père lui confie huit numéros par an de « Vive le patrimoine », une émission présentée par Valérie Expert, dont il ne réalise même pas les sujets. Sur le papier, l'émission se veut un tour de France des vieilles pierres et des monuments historiques. Elle est bien davantage : un programme stratégique pour la « PME » Buisson.

Les vitres transparentes du bureau du directeur lui permettent de veiller directement sur son nouveau royaume. Georges travaille sous le regard de son père, mais aussi face à Pauline, cette jeune femme dont il entend chanter les louanges depuis si longtemps. Les autres salariés observent cet étrange trio dont ils devinent la complexité sans vraiment la saisir. Qu'écoute donc Georges dans ce casque vissé sur les oreilles ? Comment expliquer qu'il ne parle avec personne, ou presque ? Pourquoi marche-t-il toujours un pas derrière son père et Pauline de Préval quand ils s'en vont déjeuner tous les trois au Cardinal ou aux Trois Obus, place de la Porte-de-Saint-Cloud ?

Dès son arrivée, Patrick Buisson s'attelle à sa nouvelle grille. Il s'est toujours rêvé autant journaliste – et homme d'affaires – qu'historien. À vingt-deux ans, licencié en histoire, il a travaillé à Paris-X sur « Les courants idéologiques dans le mouvement de défense de l'Algérie française ». Son directeur de mémoire n'était pas Raoul Girardet, comme Patrick Buisson l'a laissé écrire, mais l'historien des droites René Rémond, qui présidait alors l'université de Nanterre avant de diriger la prestigieuse Fondation des sciences politiques. L'étudiant Buisson a poursuivi ces recherches en écrivant vingt ans plus tard, avec l'agrégé d'histoire Pascal Gauchon, un ancien d'Ordre nouveau devenu dirigeant du Parti des forces nouvelles, une *Histoire de la Résistance française en Algérie*, préfacée par l'un des ex-responsables de l'OAS, Pierre Sergent. À les lire, les poseurs de bombes sont les dignes descendants des maquisards.

Il n'a pas persévéré dans la voie du doctorat ou de l'agrégation, mais n'a jamais cessé de se passionner pour les grands historiens. Ses modèles sont Philippe Ariès, le spécialiste de la mort à travers les âges, et surtout Raoul Girardet, qu'il fréquente assidûment. Encore un homme élevé dans le culte de l'Action française, devenu l'indiscutable référence de l'histoire du nationalisme pour des générations d'étudiants.

Depuis ses années de faculté, rien de ce qui est publié sur Pétain, l'Indochine, la Vendée, le communisme ou la guerre d'Algérie n'échappe à Patrick Buisson. Enfant, il a entendu son père rêver d'en finir avec une histoire de France écrite par les vainqueurs et les communistes, celle qui faisait la part trop belle au Front populaire de Léon Blum et à ses « grands meetings des tricots de corps et des miches assoupies », comme on disait des congés payés chez les Buisson. Il veut aujourd'hui soulever la chape de « l'historiquement correct » : « La télé remue-mémoire », cingle le slogan de la chaîne Histoire.

Patrick Buisson installe d'emblée quelques programmes phares, comme « Historiquement show ». Un rendez-vous hebdomadaire qui vient remplacer le « Journal de l'histoire » présenté par Jacques Legros, et dans lequel le fidèle Michel Field, vedette de LCI, s'impose vite. C'est un homme cultivé dont la bonhomie et le sourire rendent accessibles les sujets les plus ardus. Field a un autre mérite : cet ancien militant d'extrême gauche a toujours revendiqué son passage chez les trotskistes de la LCR. Une étiquette précieuse pour Patrick Buisson qui, depuis que Nicolas Sarkozy a gagné l'Élysée, craint de voir resurgir les ombres de son passé.

Michel Field reçoit chaque semaine trois à quatre invités pour commenter un ouvrage ou un événement historique. Son plateau mêle universitaires de renom, journalistes et historiens amateurs. Buisson sollicite lui-même amis et connaissances. Il demande ainsi à Jean-François Colosimo, qui dirige encore les éditions du CNRS, sur la montagne Sainte-Geneviève, de lui recommander quelques jeunes historiens de talent. Il sait que son nom agit parfois comme un repoussoir. « N'y va pas, tu vas te salir », prévient ainsi Anthony Rowley, l'éditeur so british qui régnait sur les livres historiques de Perrin, à son auteur Fabrice d'Almeida.

Autour de quelques valeurs sûres, comme Thierry Lentz, recordman de l'émission, Michel Field reçoit un nombre élevé de monarchistes, d'anticommunistes farouches et de nostalgiques en tout genre. Parmi les réguliers du plateau, le journaliste Dominique Jamet, l'historien Stéphane Courtois, ou encore Éric Zemmour. On croise aussi de temps en temps l'académicien Max Gallo, qui, en 2008, cosigne avec Patrick Buisson un album sur « La Grande Guerre » parrainé par la chaîne, le département des archives de l'armée et *Le Figaro Magazine*.

On est loin des mandarins de Sciences Po que Buisson abhorre. Malgré ses quatre-vingt ans passés, l'historien Jean Tulard, spécialiste du septième art et de Napoléon, présente chaque jeudi soir « L'histoire fait son cinéma ». Un homme que le journaliste connaît bien. En 1993, ils ont publié ensemble aux éditions Valmonde – le groupe qui coiffe *Valeurs actuelles* – un album intitulé « Vendée, le livre de la mémoire ». Les tenants du « génocide vendéen » ont d'ailleurs micro ouvert sur la chaîne : du comédien Lorànt Deutsch, qui voulait lui consacrer un documentaire, à l'avocat du patron, Gilles-William Goldnadel, qui a préfacé *Vendée : du génocide au mémoricide*. Un hommage à Reynald Secher, historien contre-révolutionnaire proche de Philippe de Villiers.

Rien n'est ostensiblement militant, mais beaucoup de sujets sont revisités et certains thèmes surreprésentés. « Si je n'étais pas là, la chaîne

Histoire, ce serait les tranchées, les colonies et l'extrême droite », s'amuse Pauline de Préval. La guerre d'Algérie reste la matrice intellectuelle de son patron. Patrick Buisson avait treize ans lors de l'indépendance de l'Algérie, mais son père lui avait déjà expliqué de quel côté il fallait se trouver. Le 15 mars 1962, au lycée Pasteur de Neuilly, le jeune Patrick refuse de se lever pour la minute de silence ordonnée dans toutes les écoles françaises en mémoire de victimes de l'OAS : rien de semblable n'a été fait pour celles du FLN, explique l'élève à ses professeurs.

Pour Buisson, le combat pour l'Algérie française trahit déjà « le profond malaise d'un certain type d'homme face à une civilisation de masse [...] dans laquelle le sang des soldats, les solidarités essentielles, les serments d'homme à homme n'ont guère [...] de place ». Pas étonnant qu'aucun des fameux documentaires sur la guerre d'Algérie de Benjamin Stora n'ait été diffusé par la filiale de TF1. En 1999, l'historien avait démonté pièce par pièce les thèses du patron de la chaîne Histoire dans *Le Transfert d'une mémoire*.

Patrick Buisson ne se contente pas d'inviter et de programmer : il se veut producteur – y compris de ses propres œuvres. Ces documentaires « maison », comme ses livres, en disent davantage sur lui que beaucoup de discours.

Le premier s'intitule « Paris-Céline » ; il est présenté par Lorànt Deutsch. Le deuxième, un film empli de latin et de chants grégoriens, est consacré à Gustave Thibon, ce philosophe catholique qui s'est laissé séduire par le lefebvrisme et l'abbaye intégriste du Barroux, dans le Vaucluse. Les deux hommes sont liés depuis les années *Minute*. En 1987, Thibon avait aimablement signé la pétition qui, lors de la guerre fratricide divisant le quotidien d'extrême droite, défendait Patrick Buisson. Le journaliste ne l'a pas oublié.

Comme à *Minute*, comme à *Valeurs*, Patrick Buisson s'arrange avec le mélange des genres. Les ministres souhaitent rencontrer l'influent conseiller pour transmettre un message au Château ? Il se sert sans complexe de sa nouvelle carte de visite et la met au service de la chaîne pour trouver au cœur du pouvoir soutiens, subventions et parrainages. C'est l'époque où l'on ne refuse rien au patron de Publifact.

Sans bruit, Patrick Buisson met en place un système de conventions avec les ministères pour lancer des opérations spéciales, programmer des commémorations ou financer des documentaires. Il fait le tour du gouvernement. Comment refuser de verser son obole à celui dont on dit qu'il fait et défait les carrières ?

Entre 2008 et 2009, avait raconté *Le Monde*, la Rue de Valois dote ainsi la chaîne de 270 000 euros – son logo se trouvait même au générique des émissions « Vive le patrimoine ». Rien d'illégal. Mais, au cabinet de la ministre de la Culture, on s'étonne de cette soudaine prodigalité. Patrick Buisson et Christine Albanel déjeunent régulièrement ensemble. Le premier n'a-t-il pas promis à la seconde son soutien auprès de Nicolas Sarkozy ?

Sur les conseils du chef de l'État, Frédéric Mitterrand, qui succède à Christine Albanel en juin 2009, s'attable lui aussi avec le patron de la chaîne Histoire et y va de sa subvention. Comme Hubert Falco. Le secrétaire d'État aux Anciens Combattants ne connaît pas le conseiller du président et ne dispose d'aucune entrée privilégiée à l'Élysée. Il doit mener un rude combat : maire de Toulon, ville arrachée au Front national, il veut déroger à la règle gouvernementale qui oblige les élus de grandes villes à démissionner s'ils choisissent de rester au gouvernement.

Lorsque le conseiller de Nicolas Sarkozy lui demande de financer un film consacré à la guerre d'Algérie, il accepte de bon cœur : Toulon abrite une des plus grosses communautés de pieds-noirs de France, des électeurs qu'il soigne particulièrement. Mieux : le 3 novembre 2009, à l'occasion de la sortie des deux albums illustrés signés par le conseiller de Nicolas Sarkozy, publiés chez Albin Michel, le secrétaire d'État organise une cérémonie aux Invalides.

L'un est consacré à la guerre d'Indochine et préfacé par Pierre Schoendoerffer, l'autre à la guerre d'Algérie, préfacé par Michel Déon. C'est peu dire qu'iconographie et texte revisitent l'historiographie de la guerre. Noyés au milieu de centaines de photos des généraux Massu et Bigeard, seuls deux responsables algériens trouvent ainsi place dans l'ouvrage : Ahmed Ben Bella et Yacef Saâdi, évidemment après leur arrestation.

Deux « nègres » ont travaillé sur ces albums. Le premier, c'est Georges. Dans l'ombre, comme toujours. Il connaît son histoire de France sur le bout des doigts. Le second n'apparaît pas davantage sur la couverture. C'est un journaliste que Patrick Buisson a connu à *Minute* et qui a failli lui casser la figure. Ils se sont perdus de vue avant de se retrouver. Il s'appelle Martin Peltier. L'ancien camarade de Jean-Marie Le Pen, l'ex-directeur de la rédaction de *National hebdo*, l'Hannibal du journal *Rivarol*, condamné en 1996 pour « contestation de crimes contre l'humanité ». Il avait mis Radio Courtoisie en difficulté en invitant le négationniste Robert Faurisson.

Sous le dôme doré des Invalides, Buisson savoure la faveur qui lui est faite. Falco y va de son compliment : « En lisant vos deux livres, cher Patrick Buisson, on tire une leçon essentielle : les choses ne sont jamais simples. Lorsqu'on dit que la guerre d'Algérie est le dernier épisode de l'épopée coloniale, on n'a rien dit. Le premier défilé de la première harka féminine, les officiers qui se transforment en instituteurs dans le djebel, ce sont autant d'images qui nous racontent une histoire plus fine et plus sensible. » Fin et sensible, le portrait convient parfaitement à l'historien de l'Élysée.

Avec Hervé Novelli, les choses ont été plus simples encore. Les deux hommes se connaissent depuis 1968. Le secrétaire d'État au Commerce et au Tourisme était engagé dans les rangs du groupuscule d'extrême droite Occident, comme Alain Madelin, Gérard Longuet et Patrick Devedjian. Le deuxième dirigeait à Nanterre le syndicat étudiant FNEF qui se battait contre Dany le Rouge. Le soir, Patrick Buisson venait retrouver la petite bande d'Occident au café de l'Odéon, leur quartier général parisien.

C'est lui qui, en 2007, à l'heure du premier gouvernement, a soufflé le nom de son copain Novelli à Nicolas Sarkozy. Dès qu'il le peut, Buisson continue de chanter ses louanges auprès du président : quelle bonne idée, ce statut d'autoentrepreneur qu'Hervé vient de créer ! Quand le patron de la chaîne Histoire lui demande de subventionner plusieurs documentaires sur des villes historiques, le ministre signe sans se faire prier.

Parmi la liste de villes que la chaîne se propose d'honorer se glisse… Richelieu, 2 000 habitants, dont Novelli est le maire. On le voit à l'image vanter les halles et l'architecture XVIIe de la charmante commune d'Indre-et-Loire emplie d'hôtels particuliers et ceinte de remparts. Le maire Novelli interviewé dans un film sponsorisé par le ministre Novelli, il fallait y penser ! Après sa diffusion, le sujet est acheté à la chaîne à des fins de promotion.

Des films de « communication institutionnelle » sont aussi proposés aux régions. Georges supervise cet astucieux mic-mac où, comme dans beaucoup d'émissions de télévision consacrées au tourisme et au patrimoine, se mêlent info et publireportage. Il établit les factures et les modalités de règlement, en lien avec Anne Billioti de Gage, responsable juridique du groupe. Un travail de comptable, dont il ne s'évade guère, dans la journée, que pour déjeuner avec son père.

« Pauline, c'est la fille que j'aimerais avoir », disait naguère Patrick. « Si seulement tu avais un dixième de son intelligence… », soupire désormais le père devant Georges, son fils.

6

Le portrait de Pétain

Toute la rédaction de *Minute* a pris la pose dans la grande salle du dernier étage. C'est le photographe « maison » qui a pris le cliché. Patrick Buisson se trouve au deuxième rang, veste à carreaux seventies et cravate noire. Devant lui, un journaliste tient dans ses mains le portrait encadré de Philippe Pétain. Ils sont rares, tout de même, ceux qui, un quart de siècle après la guerre, tiennent le Maréchal pour une référence. Sur le cliché, ils ressemblent à un chœur de vieux enfants qui entonnerait le chant vichyssois « Sauvons la France ».

Patrick Buisson a rechigné quelques instants avant d'accepter la photo : le nouveau patron de l'hebdomadaire d'extrême droite aime fouiller la vie des autres, moins les preuves encombrantes qu'on laisse derrière soi. Mais comment dire non à une équipe dont, six ans après son arrivée, il vient de prendre la tête, en cette fin d'année 1986 ?

Auprès de lui, un grand garçon aux allures de spadassin, sourire narquois à la bouche. C'est Alain Renault, le « copain de toujours ». Pour Buisson, il joue le rôle de secrétaire général informel et ne recule devant aucune tâche, même les plus fastidieuses : éplucher factures et notes de frais, arranger de discrets contrats extérieurs, veiller sur les montages financiers de Publifact, ou encore servir d'antenne dans la rédaction. Une sorte d'alter ego. À une différence près : Alain Renault, du moins à cette époque, aime les partis, les cartes, les titres et les organigrammes. Patrick Buisson n'a jamais milité ailleurs qu'à Nanterre, quand il était étudiant.

Alain Renault a été l'un des cadres d'Ordre nouveau, mouvement nationaliste révolutionnaire qui allait devenir la matrice du Front national, où il émargea ensuite de 1974 à 1980, avant que Jean-Marie Le Pen ne lui préfère Jean-Pierre Stirbois. Renault est obnubilé par le souci de défaire la prétendue emprise sioniste sur l'Occident, comme François Duprat, son mentor, son idole. Après l'attentat à la voiture piégée qui coûte la vie au cofondateur du FN, en 1978, il assiste, au premier rang de Saint-Nicolas-du-Chardonnet, à ses obsèques solennelles aux côtés de Pierre Bousquet, un ancien de la division Charlemagne. Puis s'installe avec sa veuve, blessée, elle aussi.

Figure également sur le cliché son allié dans la place, l'éditorialiste François Brigneau, une des plumes du journal. Un ancien milicien, maréchaliste convaincu et compagnon de cellule de Robert Brasillach en 1945 ; un antisémite invétéré qui sera condamné trois ans après cette photo de classe pour avoir qualifié Anne Sinclair de « Juive mal assimilée ». Un peu plus loin, un jeune garçon arrivé à *Minute* deux ans plus tôt, diplômé de Sciences Po, Emmanuel Ratier. Il n'est pas encore l'auteur de la névrotique *Encyclopédie des changements de noms*, où il traque les Juifs rebaptisés, mais déjà le complice des années *Minute* de Patrick Buisson.

Inséparables, ces deux-là prolongent souvent leurs journées de travail au Don Camillo, une table du VIe arrondissement où Buisson convie aussi bien son ami marseillais Jean-Claude Gaudin que le frère de Jean-Pax Méfret, le chanteur-écrivain de l'Occident et de l'Algérie française. C'est Ratier qui a prêté le portrait de Pétain autour duquel chacun a posé ; il trônait dans son bureau. Provocation ? Piège ? Blague ? Sur la photo de groupe, personne n'a l'air de beaucoup s'amuser. À l'extrême droite, les farces de potache ont toujours un arrière-goût de soupe à la grimace.

Lorsqu'en 1981 il débarque dans les locaux du journal, avenue Marceau, à Paris, Patrick Buisson n'est qu'une silhouette discrète qui

« ne marche jamais au milieu du couloir », s'amusent ses collègues, moqueurs. Solitaire, mystérieux, il ne déploie aucun effort pour se rendre aimable.

Minute n'est pas encore le porte-voix de l'extrême droite comme il le deviendra par la suite, ni ce « journal-paraissant-le-mercredi », comme on disait pour ne pas avoir à le citer. Il compte des plumes prestigieuses comme Jacques Perret, Jacques Laurent et Léo Malet, Vladimir Volkoff et Roland Laudenbach, ou encore l'auteur de polars de la Série noire des éditions Gallimard ADG, de son vrai nom Alain Fournier, que Patrick Buisson observe, intimidé. « Des années de rêve », « une formidable école de journalisme », répète-t-il depuis.

Patrick Buisson se glisse entre ces signatures et ces aventuriers, ombre peu avenante cultivant cette allure si particulière aux proscrits et aux exilés – vêtements froissés, cols pas très nets. Son collègue Jacques Tillier, journaliste d'investigation, évoque dans son livre de souvenirs, *Une plume libre*, un « grand mec prétentieux, pétochard, sournois, la lèvre humide, qui déambulait, l'air mystérieux, un dossier sous le bras, dans les couloirs du quatrième étage », et qui, en « parfait opportuniste », a eu vite fait de s'installer à côté du bureau du directeur.

C'est Philippe Héduy qui a présenté Buisson au patron de *Minute*, Jean Boizeau, un chroniqueur mondain aux cheveux gominés, habillé comme un lord, que l'avocat de Georges Marchais surnommait le « champion de France de la diffamation ». Une figure, cet Héduy, ancien chef de tirailleurs dans le Constantinois et engagé volontaire à l'OAS. La guerre d'Algérie a façonné sa vie et ses sagas à succès. Mi-littéraire, mi-mondain – on ne dit pas encore people –, *Minute* lui convient bien. Le journal ne raconte pas seulement la vie des vedettes et des célébrités : dès sa naissance, en 1962, il est devenu le rendez-vous hebdomadaire de pieds-noirs d'Algérie et veut « claquer comme une paire de gifles et comme un drapeau ».

Philippe Héduy vient de faire travailler quelques mois Patrick Buisson à *Item*, un éphémère mensuel qu'il a créé en 1976. Une « revue-livre », sorte d'ancêtre des mooks, qui veut « lutter contre le terrorisme intellectuel de la gauche ». Le premier numéro annonce la couleur : cette « revue d'opinion libre » se sait « trop intelligente pour vivre vieille » – elle ne durera effectivement que trois ans et quatorze numéros. C'est là que, tout en enseignant dans des classes de première et de terminale d'établissements parisiens privés, Patrick Buisson fait ses premiers pas de journaliste – ou plutôt d'idéologue. Il s'y présente, au choix, comme « ancien dirigeant syndicaliste étudiant » ou « professeur d'histoire ». On y trouve ses textes fondateurs.

Le futur expert en sociologie électorale y livre ainsi son idée de la manière dont, selon lui, il faut « appréhender » la droite : « délaisser le plan relativement stable des idées et des doctrines pour gagner celui, infiniment plus mouvant, des sensibilités et des tempéraments, des comportements et des attitudes, des mythologies et du légendaire collectif ».

« Intrinsèquement rebelle, la droite n'existe pas », écrit Buisson. « La droite introuvable », répond en écho Alain de Benoist dans le dernier numéro de la revue, qui accueille le fondateur du GRECE et quelques-uns de ses amis de la Nouvelle Droite.

Cette école de pensée « païenne » s'est emparée des travaux du philosophe marxiste Antonio Gramsci, pour lequel la conquête politique se mène sur le terrain des valeurs et de la culture. Trente ans avant d'arriver à l'Élysée, Patrick Buisson s'initie à *Item* à cette notion d'« hégémonie culturelle et idéologique ». « Préemption », « subversion des esprits »... Autant de concepts et de boîtes à idées que le futur conseiller servira trente ans plus tard à Nicolas Sarkozy, dans le salon vert du palais de l'Élysée.

L'ancien étudiant en histoire apparaît dans les colonnes de *Minute* quelque temps avant la victoire de François Mitterrand à l'élection présidentielle. Une aubaine, l'arrivée de la « coalition socialo-communiste », pour un journal qui a tiré à près de 250 000 exemplaires, mais commence à perdre des lecteurs. *Minute* veut devenir le principal adversaire du président socialiste et le porte-voix de la « presse libre ». Dans ses colonnes, en ce début des années 1980, il n'est question que de « propagande officielle » et de médias « sous haute surveillance ». Patrick Buisson est le premier à expliquer qu'il faut « mordiller les mollets » de « Toto », comme on appelle dans l'hebdomadaire le nouveau président. Il cite Barrès et sa France « poignarde », la France qui aime la poigne.

À peine embauché au service politique et économique, dont il prend rapidement la direction, le journaliste se fait accréditer à l'Assemblée nationale et au Sénat. Une première à *Minute*. Fréquenter les lieux de pouvoir n'est pas dans les habitudes de la maison, pas davantage que de frayer avec des hommes de gauche. Buisson rencontre régulièrement Pierre Bérégovoy et François de Grossouvre, auquel il rend visite dans son appartement du quai Branly, juste au-dessus de celui où loge Mazarine, la fille du président. « Vous savez, Buisson, Mitterrand a été témoin au procès de Salan ! » lui rappellent, sourire complice en coin, les proches de François Mitterrand en évoquant le général putschiste et chef de l'OAS. « Monsieur Buisson, nous avons un objectif commun : faire baisser le Parti communiste. »

Pour l'extrême droite, c'est encore le temps des arrière-salles et des groupuscules. Par antigaullisme, l'hebdomadaire a soutenu Jean Lecanuet et Valéry Giscard d'Estaing dans leurs combats électoraux et quand, en 1974, Jean-Marie Le Pen, qui a fondé deux ans plus tôt le Front national, se présente à l'élection présidentielle, le journal s'en moque et y consacre à peine un écho.

C'est Buisson, dont le parti d'Alain Renault, Ordre nouveau, a porté la naissance du Front national, qui lui donne ses lettres de noblesse. Il a rencontré Jean-Marie Le Pen en 1970, lorsqu'il écrivait son mémoire sur l'OAS. Il l'accompagne depuis dans son ascension médiatique et électorale, vendant lui-même dans les meetings, assis derrière de petites tables, la prose et les journaux du Front. De Montretout à La Trinité, de meeting en meeting, d'article en article, Patrick Buisson façonne, le premier, le personnage du « menhir breton ».

« L'album Le Pen », qu'il rédige avec son complice Alain Renault et publie en 1984 chez Intervalles – l'autre nom de sa société Publifact –, est une couronne à la gloire du chef de l'extrême droite. On le voit, sur la couverture, lever les bras et brandir le « V » de la victoire, sous le logo de son parti. Il y a d'ailleurs beaucoup de photos dans l'ouvrage : des images « qui pourraient être celles de votre album personnel, la famille, l'enfance, les mères, les femmes et les filles, les copains, l'école, l'armée, le travail », écrit Jean-Marie Le Pen dans la préface. Le Pen ? Un fils de cap-hornier et d'une « petite paysanne », « un Français comme vous ».

De nombreux contributeurs ont été sollicités pour lui rendre hommage. Des écrivains comme Jean Cau, l'ancien candidat à la présidentielle de 1965 Jean-Louis Tixier-Vignancour, Jean-Marie Le Chevallier, l'ex-secrétaire d'État de Valéry Giscard d'Estaing, qui vient d'adhérer au Front national, et les fidèles d'entre les fidèles, Roland Gaucher ou Brigneau. Patrick Buisson y est également allé de sa contribution. Il a choisi de se pencher sur le plus grand « coup » de Jean-Marie Le Pen : son « Heure de vérité », en février 1984. Un happening moderne, un coup de maître décortiqué par tous les sociologues des médias et les étudiants en communication politique, mais, avant eux, par Patrick Buisson.

« 59 minutes de vérité… et une minute de silence », titre le journaliste dans l'album. Face à François-Henri de Virieu et Alain Duhamel, pour Antenne 2 et Europe 1, Albert du Roy et Jean-Louis Servan-Schreiber, PDG de *L'Expansion* – ce « grand bourgeois cafard », écrit Buisson dans ce style propre à l'extrême droite, qui raffole des métaphores animalières –, Le Pen s'est levé pour célébrer les victimes du « Goulag ». Et, avec lui, la moitié de l'assistance, figée, debout et silencieuse, pendant qu'Albert du Roy continuait de poser des questions qui tombaient dans le vide.

Le journaliste et complice de *Minute* dévoile tout : le buffet snobé par les interviewers pris de court par le coup de théâtre de leur invité, le ballet du service d'ordre, ces « rétiaires de Gastounet », comme l'écrit Buisson à propos des policiers du ministre Gaston Defferre, qui ont transformé le studio de la rue Cognacq-Jay en « moderne Jéricho ».

Déjà, dans la revue *Item*, Buisson militait pour l'union des droites, ce viatique que dans l'entre-deux-guerres on appelait « le compromis nationaliste ». Pour servir le rapprochement de l'UDF, du RPR et du FN, ainsi que de tous les clubs, titres de journaux et radios libres de l'opposition de la droite française, il a imaginé en 1983 un *Guide de l'opposition*. Une sorte de bottin politique qui, sur sa couverture, affiche Chirac, Le Pen et Giscard. À l'intérieur, 3 000 adresses, 10 000 noms, du Centre des démocrates sociaux au FN, remis à jour en 1986, quelques mois avant la victoire annoncée aux législatives de la coalition RPR-UDF et de son slogan « Vivement demain ». « Vivement demain sans doute, mais à condition que la victoire de la droite [...] ne s'abîme pas dans le compromis ou la recherche d'un hypothétique consensus », écrit Buisson dans la préface.

L'ouvrage est conçu pour aider les « futurs dirigeants » à se « débarrasser des virus socialisants ou sociaux-démocrates qui les ont, pour certains, contaminés pendant leur enfance et leur jeunesse ». Autant que les textes, davantage même, les publicités du guide ont été soignées : elles sont la manne de l'ouvrage, son autre objet, sa raison commerciale. Photos et illustrations méritent aussi le détour. Ainsi cette devanture du magasin d'antiquaire de la famille du Premier ministre de François Mitterrand, Fabius frères, avec cette légende : « Non ! Vous ne trouverez pas cette adresse dans la prochaine édition du *Guide de l'opposition*. » Ou cette caricature de Carabal qui croque Laurent Fabius volant de l'argent dans le sac d'une Marianne. « Non, l'argent ne fait pas le bonheur », dit la légende d'un dessin où le ministre du Budget a le nez bien crochu.

C'est un geste coutumier, chez Buisson. Un geste qu'il réserve à ses intimes. Il dessine volontiers avec son doigt la courbe d'un nez sans l'accompagner d'un mot. Georges, son fils, Pauline, sa « collaboratrice », y ont eu droit. Autre tic, qui n'a pas disparu depuis les années *Minute* : cette manière d'aller fouiller la généalogie des personnes qu'il côtoie. La première fois qu'il déjeune avec Frédéric Mitterrand, il l'interroge sur sa mère, Édith Cahier, nièce par alliance d'Eugène Deloncle, fondateur de la Cagoule.

Il aime aussi retrouver le patronyme originel de ceux qui ont changé de nom. Une étrange obsession, partagée par quelques infréquentables, comme son ancien camarade de *Minute*, Emmanuel Ratier, lui-même digne successeur de l'antisémite Henry Coston, un homme obsédé par les lobbies, les francs-maçons, les Juifs.

C'est l'un des secrets les mieux gardés de Patrick Buisson. Dès ses débuts à *Minute*, en 1980, il ne se gêne pas pour râler, dans ses papiers, contre l'« invasion » des « Arabes » et ces quartiers de « Montfermeil-lez-Blida » où l'« Aziza a remplacé Cosette ». On connaît moins son obsession des Juifs. Elle est présente dans l'un des tout premiers articles que signe Patrick Buisson, monté en une sous le titre « Giscard et les Juifs ». VGE va-t-il payer en 1981 sa « main tendue aux Palestiniens » ?, s'interroge l'hebdomadaire. Le journal a établi une liste des ministres juifs du gouvernement : Simone Veil, Jean-Jacques Servan-Schreiber et Jean Sauvagnargues, « que la loi mosaïque reconnaît comme juif car sa mère était une demoiselle Kaplan ».

C'est dans la revue *Item* qu'il faut aller dénicher la généalogie intellectuelle du futur conseiller de l'Élysée. Le journaliste de vingt-sept ans ne se contente pas d'y citer l'écrivain Léon Daudet, figure antisémite de l'Action française. En 1976, dans un numéro intitulé « Ordres nouveaux, nouveaux désordres », il dresse un éloge d'Édouard Drumont, auteur de *La France juive* et fondateur du journal antisémite *La Libre Parole* : « Béni soit le vieux Drumont qui nous a appris à haïr le Veau d'or. United States. La Babel ploutocratique : l'enfer de Dante semé des détritus de Zola. Le pays où l'on confond le beau avec l'énorme, la magnificence avec le luxe criard des parvenus. Ce caravansérail qui se nomme Melting-pot. »

Un an plus tard, il consacre une fable – procédé cher à *Item* – à l'avortement. Elle s'intitule « Cet enfant tu » et prend la forme d'un dialogue entre un maître et un enfant :

L'enfant : Papa y dit que de nos jours, les bébés, on les fait brûler dans des fours.

Le maître : Oui, à Dachau, les nazis !

L'enfant : Non, à Paris, au coin de ma rue. Il m'a même montré la petite fumée, une drôle de petite fumée noir et bleu, au-dessus de l'hôpital.

Le maître : Ce ne sont pas des êtres humains. Ce sont des choses comme… Comme des œufs. Et les œufs, tu le sais bien, n'ont ni conscience, ni mémoire, ni intelligence.

7

Des micros à *Minute*

L'immeuble surmonté d'une terrasse, au bord des quartiers de bureaux de la Défense, à Puteaux, a des airs de Fort Knox. Ce 6 mai 1987, les locaux de *Minute*, où la rédaction a déménagé un an plus tôt, ressemblent à une citadelle assiégée. Des inconnus à la mine patibulaire et aux épaules carrées campent à l'entrée du bâtiment. Des journalistes de l'hebdomadaire ont abandonné leurs bureaux pour descendre sur le trottoir. On jette un regard derrière son épaule pour savoir qui est derrière soi, avant de chuchoter comme des comploteurs.

Deux clans s'affrontent physiquement dans les étages et donneraient presque à ce mitan des années 1980 un air de la décennie passée. Les deux équipes qui se jaugent ce jour-là ne sont pourtant pas celles qui se battaient naguère à coups de barres de fer sur les barricades : fachos contre gauchos. Au pied de l'immeuble, de grands gars costauds sont venus prêter leurs bras à chacune des factions d'extrême droite. Ce sont des journalistes de *Minute* qui affrontent d'autres journalistes de *Minute*, ce journal dont Patrick Buisson dirige la rédaction.

Il n'a pas fallu un mois pour que ses relations avec le nouveau propriétaire de l'hebdomadaire s'enveniment, au point d'en arriver à cette guerre de tranchées. C'est pourtant Buisson qui était venu chercher Yves Montenay, le nouvel actionnaire. *Minute* avait besoin d'argent frais. Cet entrepreneur de quarante-cinq ans avait longtemps géré une société familiale de services techniques de chauffage, avant de la céder à la Générale des eaux. Il était membre du Club de l'Horloge et avait pris sa carte au RPR, tout en restant proche d'Alain Madelin. C'est ce dernier qui l'a mis sur le coup : « Dis-moi, si ça t'intéresse, il y a quelque chose à faire avec *Minute*... Il faudrait que tu regardes de près. »

Patrick Buisson, alors chef du service politique de l'hebdomadaire, promet à Yves Montenay, s'il investit, le meilleur accueil possible, ainsi que son soutien face au projet concurrent du patron sortant, qui veut ouvrir le capital de *Minute* aux lecteurs. Montenay emporte la mise, et élève dès son arrivée Buisson au rang de directeur de la rédaction. Il fait de lui, au passage, le directeur du *Crapouillot*, un journal créé en 1915 qui a viré à l'extrême droite. À ses côtés dans l'ours, une de ses proches amies, Anne-Marie Druet, avec laquelle, en 1985, il réalise un film documentaire consacré à Jean-Marie Le Pen.

À trente-sept ans, Buisson est chargé d'élaborer une nouvelle formule de *Minute*. Il se met aussitôt au travail. Il a des idées très précises sur ce qu'il faut faire : un « hebdo grand public », qui doit continuer à « jouer les trouble-fête », comme *Le Canard enchaîné*, en « moins racoleur et plus sophistiqué ». Il veut le moderniser à la manière de *L'Événement du jeudi*, ce magazine au ton mordant qu'on n'appelle pas encore « anti-politiquement correct », créé trois ans plus tôt par Jean-François Kahn. Une nouvelle maquette en quadrichromie doit faire de *Minute* « le journal de la droite gaie ». Buisson, qui croit à la publicité, aux affiches et aux publireportages, fait enregistrer des spots radio pour vanter la une de la semaine.

La nouvelle formule paraît le 15 janvier 1987. Elle se veut le support de toutes les droites, notamment extrêmes, la matrice de ce fameux « Parti de la France » dont Buisson rêve depuis toujours. Le nouveau directeur utilise le carnet d'adresses qu'il s'est constitué à *Item* et pendant ses six années passées au service politique de *Minute*, où il a sillonné la droite et la France.

Dès 1981, Buisson a donné la parole à chaque composante de la droite. « Tu sais, Emmanuel, j'ai un tripode : Pasqua, Gaudin, Le Pen. Suivant les sondages, je me repose davantage sur l'un des trois ou sur l'autre », explique-t-il à Ratier. Il en récolte bientôt les fruits. Quand, en mars 1986, Pasqua devient ministre de l'Intérieur, il reçoit aussitôt Patrick Buisson. Et lui ouvre, selon la légende colportée par le journaliste, le coffre-fort de son bureau pour en sortir un épais dossier rose intitulé : « Turpitudes socialistes ».

À Marseille, il suit en 1981 la fameuse tuerie d'Auriol, au cours de laquelle le chef du SAC marseillais a été assassiné avec toute sa famille. Patrick Buisson sympathise avec Guy Teissier, ancien d'Unité nationaliste, aujourd'hui député UMP des Bouches-du-Rhône, mais surtout avec le parlementaire UDF Jean-Claude Gaudin. Durant les municipales de 1983, Buisson lance une violente charge contre son rival socialiste, Gaston Defferre, que *Minute* surnomme le « Citizen Canebière ». Mieux, lors des cantonales de 1985, le journaliste Buisson négocie en personne les désistements de candidats entre le FN et l'UDF. Quand, l'année suivante, il emporte la Région Provence-Alpes-Côte-d'Azur, qu'il gérera avec le Front national, Jean-Claude Gaudin, reconnaissant, propose à Buisson de venir s'occuper de la communication de la Région.

Mais ce dernier préfère rester à *Minute*. Le lundi matin, la conférence de rédaction compte pourtant de plus en plus d'esprits chagrins. Beaucoup jugent Buisson autoritaire et brutal – « Buisson ardent », persiflent-ils. Jacques Tillier, ce pilier du journal dont la plume acerbe n'a d'égale que le mauvais esprit, est un jour à deux doigts de lui casser la figure. Tillier, un ancien de la DST, a essuyé quatre balles de Jacques Mesrine, en 1979. L'ennemi public « numéro un » l'avait attiré dans un guet-apens et laissé pour mort. Autant dire qu'il n'a pas peur des « carabistouilles » de Buisson.

Dans les couloirs, le nouveau patron de la rédaction est devenu « Caius détritus », ce héros de l'album d'Astérix *La Zizanie*, un succès de librairie sorti quelques années plus tôt. Haines personnelles, rivalités de pouvoir, querelles de « ligne », tout s'emmêle. Patrick Buisson estime que le nouveau propriétaire est devenu le cheval de Troie de la droite libérale dans *Minute*. Pour Montenay, au contraire, Buisson et ses amis font la part trop belle aux mégrétistes et au jeune Front national de Jean-Marie Le Pen. Il faut dire que le directeur de la rédaction ne ménage pas sa peine. Dans *Minute* nouvelle formule, « le Menhir » est là à toutes les pages.

Avec Le Pen, « Patrick » a des choses à se faire pardonner. En 1985, juste avant de prendre du galon au sein de l'hebdomadaire, le journaliste a été approché par le Front. Le gouvernement Fabius venait d'instaurer une dose de proportionnelle aux législatives et le président du FN cherchait quelques solides pointures pour représenter son parti à l'Assemblée nationale, l'année suivante. Jean-Marie Le Pen se rend alors personnellement à *Minute* pour exposer son offre à Buisson, qui la décline. Il préfère, là encore, diriger son journal, où son pouvoir, juge-t-il, est supérieur à celui que lui offre le beau parleur de Montretout.

Cette année 1987, l'ambiance, à *Minute*, devient chaque jour plus délétère. Une bagarre de pouvoir est ouverte, qui prend des allures de guerre d'espionnage, doublée d'intimidations. Buisson fait examiner les murs des bureaux par une entreprise de sécurité dont son journal fait d'ailleurs la publicité. De son côté, un trio de rédacteurs en chef, dont Jean-François Gautier, un docteur en philosophie chargé du service politique, Emmanuel Ratier, qui s'est brouillé avec Buisson, et Serge Ferrand, assure que des micros espions ont été posés dans le bureau d'Yves Montenay, au 10, rue des Pyramides, siège de sa nouvelle société d'électronique.

Emmanuel Ratier va trouver Montenay pour lui faire part de ses soupçons. Il lui propose de l'accompagner dans les bureaux. Une véritable scène de film. Le journaliste soulève le combiné du téléphone : « Regardez… » Il inspecte un fauteuil, se baisse au pied de la cheminée : « Et là ? » Chaque fois, des micros.

Deux autres incidents inquiètent le nouveau propriétaire. Sa femme, qui promenait leur petit dernier dans le XVIe arrondissement, où habite le couple, s'est fait bousculer par un inconnu : « Si ton mari ne vend pas, il lui arrivera des bricoles. » Comme la nounou du couple, à qui un autre passant a demandé : « C'est bien vous qui gardez le petit Montenay ? » L'actionnaire principal de *Minute* se rend au commissariat du quartier, près de la porte de la Muette. « Faites savoir à ceux que vous soupçonnez de chercher à vous faire peur que vous êtes passé », lui conseille un policier.

Voilà pourquoi Montenay n'est pas venu seul, ce 6 mai 1987, dans les locaux de son propre journal. C'est avec deux amis cambodgiens qu'il veut demander des explications à celui qu'il a fait calife, Patrick Buisson. Le directeur de la rédaction prend-il peur et se réfugie-t-il lui-même dans son bureau ? Ratier et les « Chinois » de Montenay l'enferment-ils dans la pièce ? Une chose est sûre : face à cette démonstration de force, Patrick Buisson décroche son téléphone et appelle au secours… Jean-Marie Le Pen, qui lui envoie une demi-douzaine de gros bras du service d'ordre du FN pour le délivrer.

Ratier téléphone à Jean-Pierre Stirbois : « Vous êtes fous ! Ceci n'a rien à voir avec une bagarre idéologique ! Vous me voyez aux côtés de la droite libérale ? » Trop tard. La guerre déclarée en plein Paris se prolonge dans les colonnes de *Minute*, mais aussi dans les autres médias, où chacune des factions mène la bataille de l'information et de la désinformation.

Dans le numéro de l'hebdomadaire qui suit la tentative de « putsch », Patrick Buisson publie la liste du comité d'honneur de l'association des amis de *Minute* – les siens, en fait. Bernard Antony, alors député européen et directeur du comité Chrétienté-Solidarité, Bruno Mégret, député de l'Isère, Jean-Marie Le Chevallier, Roger Holeindre, Martine Lehideux, Jean-Pierre Stirbois s'engagent à ses côtés. Mais aussi des militaires, des écrivains, comme le populaire Guy des Cars, Geneviève Dormann, la hussarde des causes perdues, ou encore Michel de Saint-Pierre, le héraut des aristocrates qui tenait la dragée haute aux gauchistes, en 1968, place de l'Odéon. Et même le philosophe catholique Gustave Thibon – un admirateur de Simone Weil, qui fraiera ensuite dans les eaux du lefebvrisme.

Deux jours plus tard, c'est « Jean-Marie » en personne qui vient à Puteaux apporter son soutien à Buisson. « On veut bâillonner *Minute*, on n'y parviendra pas ! » rugit le patron du FN. Les bureaux sont transformés en camp retranché. Des affiches sont placardées à la va-vite entre les piles de journaux et les pots de colle. La passe d'armes du 6 mai a fait le tour de Paris, et les journaux télévisés s'en font l'écho. Patrick

Buisson fait sa première – et presque dernière – apparition devant les caméras. C'est encore un inconnu : à l'écran, il est affublé d'un nom et d'un titre qui ne sont pas les siens.

Buisson profite de sa fonction pour délivrer « sa » vérité dans les colonnes de son journal. « Le mercredi 6 mai, M. Montenay a débarqué dans mon bureau en compagnie d'une escouade de gros bras, écrit-il dans un éditorial rédigé comme un tract, avec des mots en gras et d'autres en capitales. J'ai tout de suite compris qu'il ne venait pas prendre le thé. Pendant plusieurs heures, j'ai été un directeur séquestré. J'aurais pu être un directeur battu et même abattu. Finalement, je m'en tire à bon compte : M. Montenay était venu exiger ma démission. Il n'avait aucun mandat pour ce faire. D'où le recours aux gros bras. »

Cette version est relayée jusque dans les colonnes du *Monde*, le 15 mai. En lisant le quotidien du soir, Montenay et ses alliés croient devenir fous. Un droit de réponse est envoyé au quotidien. « M. Buisson n'a pas été séquestré dans son bureau le 6 mai après-midi. Nous avons, en effet, déjeuné à l'extérieur de 14 heures à 16 heures, et j'ai passé le reste de la journée dans diverses réunions auxquelles il participait », assure l'actionnaire du journal, qui range ses peurs et saisit l'occasion de livrer sa version des faits.

Qui le remarque ? La fin de l'édito de Patrick Buisson doit être lue entre les lignes... Le directeur de la rédaction explique à ses lecteurs que, depuis juillet 1986, Montenay n'a « cessé de vouloir infléchir la ligne politique du journal et intervenir dans son contenu ». Il peut le prouver. « J'ai dans mon tiroir, assène Buisson comme on agite une lettre de menace, une avalanche de notes par lesquelles il me fait part de ses lumières sur les sujets les plus divers et les plus inattendus. Si j'avais à cœur de vous divertir, je vous livrerais cet invraisemblable bric-à-brac. »

À l'insu de Montenay, le dernier carré de « buissonniens » publie deux numéros sauvages de *Minute*. Le propriétaire du journal se défend en saisissant la justice. Le 22 mai, un administrateur judiciaire met le directeur de la rédaction à pied. Le journaliste Martin Peltier, ayant découvert que Patrick Buisson a négocié ses indemnités quand le reste de la rédaction peine à faire jouer la clause de conscience, veut le frapper. Un confrère s'interpose. Le 30 mai 1987, moins de six mois après le lancement de sa nouvelle formule, Patrick Buisson est contraint de quitter l'hebdomadaire. Seul, banni, comme plus tard de *Valeurs actuelles*, puis de l'intimité de Nicolas Sarkozy.

8

Le salon vert

Seuls les huissiers habitués à observer les allées et venues des visiteurs avaient noté ce parcours tout en chicanes. À l'époque, ils n'y avaient pas prêté beaucoup d'attention. Lorsqu'il arrivait à l'Élysée pour la réunion du salon vert, Patrick Buisson demandait toujours à se laver les mains dans le cabinet de toilette, à mi-étage de l'escalier Murat.

« Patrick, qu'est-ce que tu as à nous dire ? » C'est par ces quelques mots que Nicolas Sarkozy a ouvert, pendant cinq ans, chacune ou presque des réunions qu'il tenait avec ses stratèges. Le Château a ses rituels. Celui du salon vert a ponctué le quinquennat de Nicolas Sarkozy, tout comme cette petite phrase et l'ordre de bienséance qui faisait du patron de la chaîne Histoire le premier de ses conseillers, quoique sans titre dans l'organigramme.

Autour de la table ovale couverte d'une nappe du même vert amande que les lourds rideaux se sont retrouvés chaque semaine les principaux conseillers du président. Dehors, le parc, le pépiement des oiseaux, le crissement des graviers sous les râteaux des jardiniers. Dedans, les lustres monumentaux dont le vent fait parfois cliqueter les pampilles, les tapis à ramages, le mobilier acajou doré à l'or fin. Le salon vert est l'une des plus belles pièces de l'Élysée, et sa magnificence donne à ceux qui s'y trouvent le sentiment privilégié d'avoir accès au Parnasse de l'Empire. Sous François Mitterrand, Jacques Attali s'y était installé. Nicolas Sarkozy et Carla Bruni s'y sont mariés.

Agenda, informations du jour, préparation et « débriefing » des déplacements, discours, interventions dans les médias, tout est passé en revue. Réunion après réunion, chacun retrouve sa place et ses habitudes. Il y a là le sondeur Pierre Giacometti, Henri Guaino, la plume du cabinet, Franck Louvrier, le conseiller en communication, et le secrétaire général de l'Élysée Claude Guéant, auquel succèdera Xavier Musca. Patrick Buisson, lui, est assis en face de Nicolas Sarkozy.

La scénographie de la rencontre évolue au gré du mandat. Les six premiers mois, les huissiers ont été contraints d'ajouter des chaises, tant les invités étaient nombreux. Nicolas Sarkozy a du mal à dire « non » à ceux qui l'ont aidé à conquérir le pouvoir. Mais plus de monde autour de la table, c'est aussi davantage de bavards ; des bribes de conversations se retrouvent dans la presse, et Claude Guéant décide de réduire le nombre des participants.

Pierre Charon, le complice de toujours, l'ami des policiers et des vedettes, et Catherine Pégard, l'ancienne journaliste du *Point* à l'allure stricte, ne sont plus conviés au salon vert. Tout comme Emmanuelle Mignon, la rédactrice du programme présidentiel de 2007, dont le secrétaire général est jaloux.

Lorsque la France traverse la crise financière de 2008, de nouvelles compétences sont conviées pour étoffer la discussion : Raymond Soubie, en charge du social, et François Pérol, pour l'économie. En 2009, le publicitaire Jean-Michel Goudard rejoint à son tour l'équipe restreinte.

Au fil du quinquennat, le rythme des réunions s'accélère, passe de une à deux, voire trois par semaine. La dernière année, celle de la campagne, elle deviendra quotidienne. Le premier cercle se retrouve en fin de journée, pour une heure environ. Parfois, l'horaire et le lieu du rendez-vous varient en fonction de l'agenda du président-candidat. Le salon vert se déplace alors dans l'hôtel particulier de Carla Bruni-

Sarkozy, à deux pas de la villa Montmorency, ou encore à la Lanterne, la résidence versaillaise des Premiers ministres que le chef de l'État a faite sienne.

Ce qui reste immuable, en revanche, c'est l'ordre dans lequel chacun prend la parole. « Patrick » ouvre la réunion par un de ces longs exposés qui ont fait son succès auprès du président : une argumentation mécanique et précise, truffée de chiffres issus de sondages et d'enquêtes d'opinion, arrimée à ces références historiques qui manquent tant au locataire de l'Élysée. Une explication et une interprétation pour chaque événement, ou presque. Un ton théâtral, un discours carré qui se ferme dans un raisonnement implacable et rassure celui qui doute.

En ce début de quinquennat, l'obsession de Patrick Buisson tient en quelques mots : garder un lien direct et singulier avec le président. Le conseiller occulte ne veut pas appartenir à la Cour. En homme d'histoire, il sait trop combien les privilèges, les grâces et les disgrâces vont et viennent autour des puissants. Il veut conserver avec le prince une relation à part. Voilà pourquoi, quoique éloigné du Château, il tient à s'imposer comme principal conseiller à la table du salon vert.

En face de lui, Henri Guaino est à l'affût, toujours prêt à batailler pour faire entendre sa voix. L'ancien souverainiste est un homme cultivé, pétri de références républicaines ; sa prose est précieuse au président. Pierre Giacometti, cheveux blancs distribués autour d'une raie impeccable, livre ensuite son analyse, jamais très longue. Jean-Michel Goudard et Franck Louvrier gardent le plus souvent le silence.

Louvrier n'est pas le seul à se méfier ou à s'agacer de Buisson. Mais il est l'un des rares à s'en ouvrir, de temps en temps, au chef de l'État. Avec sa bouille ronde et sa capacité à répondre nuit et jour aux sollicitations de la presse, il est apprécié des journalistes. Après avoir été lui aussi jeté en disgrâce par Claude Guéant, il est parvenu à retrouver le chemin du bureau présidentiel. Il n'apprécie guère de voir Buisson jouer de ses réseaux à TF1 ou au *Figaro*. Pire, il soupçonne le nouveau patron de la chaîne Histoire d'inspirer des échos dans les journaux pour faire avancer ses thèses. À plusieurs reprises, il alerte Nicolas Sarkozy : « Patrick parle trop... » L'hôte de l'Élysée hausse les épaules : « Il est comme il est. »

Buisson peut en revanche toujours compter sur Jean-Michel Goudard. Le publicitaire – un ancien collaborateur de Jacques Chirac, « une prise de guerre ! » se vante Nicolas Sarkozy – s'amuse du bagout et des blagues grasses du patron de la chaîne Histoire. Il s'est rapidement laissé convaincre qu'une ligne « droitière » est la seule qui convienne à Nicolas Sarkozy.

Dans le salon vert, ce « gaulliste de gauche », comme il se définit, est devenu le meilleur allié de Buisson et a instauré avec lui un autre rituel.

L'ancien de *Minute* sait que, dans son dos, ses adversaires s'attellent méticuleusement à contrer son influence. Avant chacune des réunions, il appelle donc son ami le sondeur Jérôme Sainte-Marie pour tester sur lui le topo qu'il a consciencieusement préparé. Puis il se rend dans le bureau de Goudard à l'Élysée. Le publicitaire le reçoit avec Giacometti et Louvrier pour aplanir les dissensions et éviter que les discussions ne tournent au pugilat devant le président. Autour de la table ovale, la plupart ignorent, et Nicolas Sarkozy le premier, que le scénario des débats du jour est déjà écrit lorsqu'ils déposent leurs manteaux au vestiaire…

L'adversaire le plus dangereux de Patrick Buisson est Pierre Giacometti, le sondeur qui épaule Nicolas Sarkozy depuis 2002. L'ex-directeur général d'Ipsos a longtemps été la bête noire de l'ancien maire de Neuilly avant de devenir son conseiller. Il l'avait même vivement attaqué, sur le plateau de France Télévisions, le soir du premier tour de la présidentielle de 1995, en l'accusant d'avoir favorisé Jacques Chirac au détriment de son champion Édouard Balladur. Mais Sarkozy n'aime rien tant qu'attirer à lui les amis et les équipes de ses adversaires. Et le sondeur a vite compris l'intérêt qu'il avait à se rapprocher de l'étoile montante de la droite.

Tout oppose Giacometti le pragmatique et Buisson l'idéologue. L'un est modéré, européen, l'autre ne jure que par l'ordre et l'autorité. Giacometti est pétri de bonnes manières, ne dit jamais un mot plus haut que l'autre, quand Buisson est impulsif, colérique, violent parfois, et se vit en marge du système. Il n'aime pas la façon dont l'ancien militant d'extrême droite critique à tout va ministres, responsables politiques et journalistes. Buisson méprise de son côté cet homme « à la tête de gendre idéal ». Il le tient pour un simple « photographe de l'opinion », sans analyse ni vision : Giacometti se contente selon lui de découper les Français en catégories à séduire – les jeunes, les vieux, les femmes, les professions libérales... –, quand lui arrive au salon vert avec diagnostics et remèdes.

Mais leur rivalité dépasse la simple guerre d'influence. Ils guignent chacun l'oreille du président tout en veillant sur leurs contrats. À côté de Pierre Giacometti, qui multiplie les contrats de conseil avec l'Élysée, mais aussi avec Matignon, l'UMP et la plupart des ministres, Patrick Buisson, qui n'est en affaires qu'avec l'Élysée et l'UMP, ferait presque figure d'amateur ! Une sourde jalousie le taraude. Comment Giacometti peut-il rester loyal puisqu'il travaille également pour François Fillon ? susurre-t-il au président. Et, comme chaque fois qu'il prend quelqu'un en grippe, il revient dix fois, vingt fois, cent fois à la charge. Avec un succès certain.

Au fil des mois, Pierre Giacometti constate chagriné que le chef de l'État le fuit. Il ne le prend plus au téléphone, sollicite moins qu'avant ses avis. Le sondeur finit par lui demander rendez-vous et lui explique les avantages qu'il y a à travailler avec Matignon : il peut aider, jure-t-il, à rendre plus harmonieuses les relations entre les deux maisons. Nicolas Sarkozy, qui, intuitivement, a toujours veillé à ne pas tomber dans les seules mains de l'ancien directeur de *Minute*, joue l'apaisement. La tension retombe, mais désormais c'est la guerre à mort entre « Giaco » et « Patrick ».

Les remarques qu'il doit adresser au président, Giacometti les réserve aux notes qu'il lui envoie directement et à leurs coups de téléphone. Il garde ses confidences pour ceux qu'il a pris pour alliés, Franck Louvrier et Alain Minc, le visiteur du soir du chef de l'État. Minc a Buisson en sainte horreur, au point de refuser de lui serrer la main lorsque, un jour de 2012, par hasard, il le croise à l'Élysée. « Il est maurrassien, il va te tirer à droite », a tenté d'expliquer le banquier à Sarkozy lorsque, en 2008, la presse a commencé à évoquer l'influence de l'ancien patron de *Minute*. « Je fais ma sauce, il faut écouter tout le monde », avait gaiement balayé le président.

L'ancienne journaliste Catherine Pégard prend elle aussi la mesure de l'ascendant qu'a Buisson sur le chef de l'État. « Il l'appelle tout le temps, il se l'approprie ! » s'inquiète-t-elle auprès des jeunes membres du cabinet, qui ignorent tout de cette liaison envahissante. Comme Henri Guaino, elle a reçu copie d'une lettre que Jean-Philippe Moinet, ancien journaliste au *Figaro* et ex-responsable de l'Observatoire de l'extrémisme, a adressée à Nicolas Sarkozy. « Oui, bien sûr, on peut avoir changé », écrit Moinet à son « cher Nicolas » en octobre 2008. Mais « les huit ans à *Minute* » sont là, ajoute-t-il, « marqués par un zèle et des épisodes lepénisto-mégrétistes » édifiants. Pour seule réponse, il reçoit un courrier administratif standard.

Un temps, Catherine Pégard se rassure ; l'ouverture du gouvernement à des ministres de gauche afflige tant Buisson qu'il s'est mis en retrait. Les aventures sentimentales du président le font frémir de gêne et n'arrangent pas son humeur. « Nicolas » a rencontré « Carla » et n'en finit plus d'exhiber son bonheur, à Eurodisney d'abord, puis à Pétra, en Jordanie. Des clichés qui font le tour de la presse et dont le conseiller juge l'effet « catastrophique ». Il se lamente un peu partout. Mais le chef de l'État, tout à son nouvel amour, ne veut pas de rabat-joie.

La crise financière, en 2008, fragilise encore l'emprise du patron de la chaîne Histoire : les chiffres, les ratios, « il n'y comprend rien », se gausse l'entourage du président. Un temps, Buisson se tient à distance. Puis revient à la charge. Dès 2010, à chaque rendez-vous du salon vert, il martèle le même message à Nicolas Sarkozy : « Arrête de faire de l'économique et du social. Les Français s'en foutent, ce n'est pas ça qui te fera réélire. » Les sondages sur la mauvaise image d'un président « Fouquet's », ami des riches et du bling-bling, le prouvent : Nicolas Sarkozy doit absolument retrouver l'image d'un chef d'État, insiste-t-il.

C'est l'époque des « déplacements identitaires », des vieilles pierres, des basiliques, des flèches d'église, de la mémoire. Le chef de l'État se rend au Puy-en-Velay, en mars 2011, et appelle à « assumer sans complexe » l'héritage catholique de la France. Mais aussi à Domrémy, dans les Vosges, le 6 janvier 2012, pour un hommage à Jeanne d'Arc. Il se laisse persuader qu'il va ainsi reconquérir le cœur des électeurs de droite et éviter les questions gênantes de la presse sur les mauvais chiffres du chômage et de la dette. Henri Guaino applaudit cette stratégie soufflée par le conseiller occulte.

Dans le salon vert, ces deux-là ne sont pas les derniers à tomber d'accord. Guaino est gaulliste, Buisson habité par la culture de Maurras et de l'Algérie française, mais le duo se retrouve pour défendre le peuple contre les élites, lutter contre les corps intermédiaires et défendre une « politique de civilisation ». S'ils ferraillent devant les autres, c'est souvent sur des détails et pour conserver leur place de favori dans le cœur du président. Un seul sujet les oppose violemment : le discours de Grenoble.

Le 30 juillet 2010, après la mise à sac d'un village du Loir-et-Cher, Nicolas Sarkozy s'en prend aux Roms et propose d'élargir la déchéance de nationalité aux personnes d'origine étrangère qui auraient volontairement porté atteinte à la vie d'un fonctionnaire de police. L'émotion est vive, y compris dans une partie de la droite, qui juge la proposition antirépublicaine. C'est le cas d'Henri Guaino, qui trouve le discours « honteux » et « dévastateur ». Face au tollé public, la chasse aux coupables est ouverte. Le nom de Maxime Tandonnet, le conseiller chargé de l'immigration, est jeté en pâture à la presse. Qui a rédigé les propos controversés ? Tandonnet ?

Guéant ? Buisson ? Un autre ? « Je n'y suis pour rien », se défend, outré, le conseiller de l'ombre, qui jure de « tout raconter un jour » sur les dessous de cette affaire trouble.

Faire et défaire les réputations, influer sur le cours du récit, les hommes, les nominations... Buisson est là à son aise. Laurent Wauquiez, le ministre qu'il conseille en sous-main, fait partie de ses poulains. Non qu'il le respecte – il le traite d'« ectoplasme » devant ses salariés de la chaîne Histoire –, mais il a décelé en lui un homme ambitieux sur lequel il peut mettre sa main. Nicolas Sarkozy, lui, l'a pris en grippe depuis que le ministre a annoncé le premier le sauvetage de l'entreprise de lingerie Lejaby, qui se trouve dans sa circonscription. Doit-il rester au gouvernement ? À plusieurs reprises, dans le salon vert, Buisson défend son protégé avec une vigueur qui laisse ses voisins de table stupéfaits. Et sauve sa tête.

Pour en éloigner d'autres, le scénario est aussi parfaitement huilé. Buisson commence par évoquer l'air de rien une étude d'opinion défavorable au président. Puis lâche sur un ton désolé : « Si seulement Untel n'avait pas dit ça...
— Dit quoi ? » bondit le chef de l'État. Buisson exhume alors quelques mots du ministre dont il veut la peau, passés en général inaperçus. Un

procédé dont la garde des Sceaux, Rachida Dati, que Buisson appelle la « voleuse de poules », et Michèle Alliot-Marie font régulièrement les frais. Brice Hortefeux aussi, l'ami de trente-cinq ans du président, ce « nul », remâche inlassablement Buisson.

Le 26 février 2011, le ministre de l'Intérieur reçoit le coup de grâce. Ce jour-là, le salon vert s'est exilé à la Lanterne. Buisson égrène les mauvais chiffres de la délinquance et fait mine – un comble ! – de s'inquiéter de la possible condamnation pour injure raciale d'Hortefeux, après une blague douteuse sur les Auvergnats. « Un bras en plastique », maugrée-t-il. Un mauvais ministre qui aurait « reçu du gaz incapacitant ». Nicolas Sarkozy cède, demandant seulement qu'on prévienne son ami au plus vite, « parce que ce con-là n'a pas gardé d'appartement ».

Il ignore évidemment que, une fois de plus, « Patrick » a actionné dans les toilettes, avant la réunion, le dictaphone qu'il a coutume de cacher dans la poche intérieure de son éternelle veste noire. Que, en archiviste inépuisable, il a conservé chaque mot, chaque phrase, pour les tendre un jour, comme un miroir, aux convives du salon vert.

9

La première de Céline

Jamais sans doute autant que lors de cette petite fête, le 21 novembre 2011, Patrick Buisson n'a été courtisé. Jamais sans doute on ne s'est ainsi pressé autour de lui pour le saluer et le féliciter. Sa plus belle réhabilitation, peut-être, après sa Légion d'honneur, quatre ans plus tôt. Quatre cents personnes se précipitent pour trouver une place dans la grande salle du cinéma Gaumont Opéra, boulevard des Capucines. Un nouvel adoubement dont le conseiller de Nicolas Sarkozy goûte chaque seconde. Après la soirée, il vérifiera lui-même, nom par nom, qui a répondu présent ou qui lui a manqué.

Les invités sont venus assister à la projection du film que le patron de la chaîne a consacré à un écrivain qui n'en finit pas de traverser son désert, Louis-Ferdinand Céline. C'est une avant-première comme toutes les grandes télés en rêvent : s'y bousculent ministres, directeurs de journaux, universitaires. Il ne s'agit pourtant que d'un documentaire. Mais l'auteur est un proche du président, qui, dans quelques mois, sera candidat – on s'en doute, même si ce n'est pas encore officiel – à sa réélection. Après la projection, un cocktail est prévu. On pourra approcher le maître de cérémonie.

Il y a là le ministre de la Défense Gérard Longuet, celui des Transports Thierry Mariani, chef de file de la Droite populaire, qui discute avec l'ancien député européen Paul-Marie Coûteaux, devenu porte-parole de Marine Le Pen. À quelques pas, les anciens ministres Hervé Gaymard, Hervé Novelli et Frédéric de Saint-Sernin (deux revenants de l'extrême droite) côtoient Camille Pascal, la nouvelle plume de Nicolas Sarkozy, et Guillaume Peltier – autre poulain de Patrick Buisson.

Le patron du *Figaro*, Étienne Mougeotte, a aussi tenu à honorer la projection de sa présence, comme Alexis Brézet, directeur de la rédaction du *Fig'Mag*, et Guillaume Roquette, son alter ego de *Valeurs*.

D'anciens collègues de Patrick Buisson à *Spectacle du monde* ou *Minute* sont aussi de la fête, et cette avant-première sonne autant comme des retrouvailles que comme l'avant-goût d'une possible recomposition politique. On se hèle, on se reconnaît. Bruno Larebière, ancien rédacteur en chef de *Minute* et ex-pilier du Bloc identitaire, a répondu présent, comme Emmanuel Ratier, invité par les amis du *Bulletin célinien*, à qui Buisson refuse de serrer la main. Alain Renault, le comparse de sa jeunesse brune, qui promène son éternel imperméable et son allure désenchantée à la Camus, est le seul à venir le saluer.

Dans le cinéma flotte comme un petit parfum d'entre-deux-guerres, avec ce mélange de bourgeoisie installée et d'une mouvance d'ordinaire un peu honteuse. Des cravates, beaucoup, des blazers, du bleu marine et du vert bouteille, des femmes à foulard en soie qui ignorent les caprices de la mode. Des cheveux courts, peu de ces barbes naissantes qui signent le bobo de tout âge. Pour la première fois depuis de longues années, la famille célinienne, d'ordinaire cantonnée aux huis clos et à l'entre-soi, est de sortie.

Le réalisateur, Guillaume Laidet, un ancien monteur de TF1 qui a créé sa société, se tient légèrement en retrait. Il a pourtant pris de l'importance dans l'univers de Patrick Buisson. Pauline de Préval l'a repéré la première, c'est elle qui l'a fait venir à la chaîne Histoire. Mais le conseiller n'aime rien tant que faire siens les proches de sa collaboratrice. Il l'a choisi comme réalisateur attitré. Laidet est un bon technicien – on l'appelle MacGyver. Buisson, toujours aimable, le nomme « le Tatoué ». Un homme auquel le patron peut tout demander. C'est à lui qu'il pensera pour filmer les obsèques de son frère aîné, Jean-Pierre, à Saint-Ferdinand-des-Ternes, puis au cimetière des Batignolles, jusqu'au caveau familial : éternelle obsession de savoir qui est présent et, surtout, qui est absent, comme lors de cette avant-première.

« Savez-vous, dit l'un des invités qui patientent sur les Grands Boulevards, que le Gaumont Opéra n'est autre que le fameux Paramount, dont l'inauguration en novembre 1927 fut un événement considérable ? Que Céline lui-même a abondamment parlé de cette salle prestigieuse, à sa façon, cela va de soi, et en l'affublant d'un petit nom de son cru, dans le *Voyage* ? » L'écrivain avait baptisé ce nouveau cinéma trop américain et vulgaire à son goût le « Tarapout ». Quelques invités récitent de mémoire : « Les gens y viennent de partout pressés comme des larves... Comme à New York ils se grattent le ventre devant la caisse... »

Le petit cénacle est heureux de voir enfin célébré, à la télévision, ce héros qu'il peine à faire sortir du purgatoire. La salle est grande, l'écran panoramique, ça change des petites vidéos bricolées et mises en ligne sur des sites confidentiels, se réjouissent les piliers du *Bulletin célinien*.

Pour leur héros littéraire, Fabrice Luchini et Nicolas Sarkozy ont déjà fait beaucoup. Le président a assisté pas moins de sept fois aux lectures d'extraits du *Voyage au bout de la nuit*, un soliloque que l'acteur a joué à guichet fermé au théâtre Antoine, à Paris. Patrick Buisson avait d'ailleurs pensé à Luchini pour jouer les guides de sa promenade parisienne.

Autour des piliers de la mémoire célinienne se trouve Colombe Anouilh d'Harcourt, la fille de Jean, le génial auteur d'*Antigone*, cet anticonformiste qu'ils idolâtrent. « Patrick Buisson me fait penser à papa », confie-t-elle à son ami Stéphane Barsacq, éditeur et petit-fils d'André Barsacq, grand homme de théâtre de l'entre-deux-guerres. Stéphane Barsacq, jeune homme discret, contributeur irrégulier du *Fig'Mag*, et éditeur chez Albin Michel, la maison qui publie Patrick Buisson. Un garçon cultivé devenu, tiens, très proche de Pauline, relève ce soir, un brin jaloux, le patron de la chaîne Histoire.

Pauline de Préval boude, et sa mauvaise humeur lui donne des airs de Jean Seberg dans *Sainte Jeanne*, le film d'Otto Preminger, aussi troublante que la comédienne en cotte de mailles dans sa tenue unisexe : un tailleur-pantalon noir et une simple chemise blanche. Elle est contrariée de rester cantonnée à un rôle d'ouvreuse, un peu comme lorsque, au téléphone, ses interlocuteurs la prennent pour la secrétaire de Patrick Buisson. « Je suis rédactrice en chef de l'émission », proteste-t-elle alors. Elle juge *Paris-Céline* trop long – pour recueillir davantage de subventions, son patron a allongé le film de cinquante-deux à quatre-vingt-dix minutes – et « mal fichu ». Un court moment, certains la voient prendre à part l'auteur du film et se fâcher vivement.

Le héros du jour monte sur la scène pour remercier ses invités. Ses anciens camarades de l'ombre n'en reviennent pas de le voir ainsi sous les projecteurs. *Paris-Céline* est son premier film, si on excepte deux essais, en 1985, sur Jean-Marie Le Pen et sur la manifestation pour l'école libre de l'année précédente. Buisson se veut « un historien du soir », en référence à son mentor, Philippe Ariès, qui se vantait de n'être qu'un « historien du dimanche ».

Pour mener les téléspectateurs du passage Choiseul à Clichy et de Montmartre à Meudon, Buisson a finalement choisi Lorànt Deutsch, le jeune acteur et auteur de *Métronome*, une histoire de Paris racontée par les stations de métro au succès inattendu : deux millions d'exemplaires vendus, et une adaptation par France Télévisions.

Pauline, qui avait effectué les premiers repérages et commencé à écrire le film, avait soufflé son nom. Elle sait Deutsch soucieux du grand public. C'est un spécialiste de l'« histotainment », comme disent ces historiens purs et durs qu'il déteste autant qu'eux le méprisent.

Pauline aime la manière héroïque de raconter l'histoire de ce monarchiste assumé, qui assiste chaque année à la messe anniversaire célébrée en mémoire de Louis XVI. Pour le comédien, l'histoire est un « héritage », un « patrimoine », un « album de famille ». Le passé ? Un grand récit romanesque. Des bons, des méchants, du suspense, un dénouement. Une France éternelle, explique avec une aisance de bonimenteur ce joli garçon dont l'allure et les manières détonnent dans cette assemblée un brin compassée.

La lumière s'éteint et le silence se fait. Dès les premières images, la flânerie littéraire annoncée se transforme en un biopic fleur bleue sur la vie d'un fils de petits commerçants, né et mort en banlieue (Courbevoie en 1894, Meudon en 1961), mais en réalité véritable Parisien, citadin gouailleur et artiste bohème, racontent Deutsch et Buisson. Durant l'Occupation, il est aux premières loges pour contempler l'ampleur des destructions causées par les bombardements alliés sur le quartier de la Chapelle. Après son exil au Danemark, il redevient, dans sa maison de la route des Gardes, à Meudon, le médecin des pauvres qu'il était au dispensaire de Clichy, à la fin des années 1930. Une âme généreuse, presque « une préfiguration de l'abbé Pierre », s'étaient étouffés les jeunes « historiens de garde » un peu plus tard, dans un livre manifeste.

« Regardez bien cette borne, avertit le comédien dès les premières minutes du film : c'est la seule trace dans tout Paris du passage d'un des plus grands romanciers du XXe siècle. Et qu'est-ce qu'elle nous dit, la borne ? Eh bien pas grand-chose. On nous dit simplement qu'il a passé ici au 67 et au 64 une partie de son enfance : plus sobre, y a pas. Relégué, l'énergumène. Vous pouvez toujours gratter, y a rien, dans tout Paris. Les politiques de tout bord, qui d'habitude ne sont jamais d'accord sur rien, là ils font l'union sacrée : pas la moindre plaque, pas la moindre inscription, même pas le plus petit hiéroglyphe, rien, zéro, nada. Tous d'accord, il faut planquer le monstre. Pas présentable qu'il est, mais alors pas du tout, supertricard, le Ferdinand. » La salle, d'abord déconcertée par le cabotinage de l'acteur, est aux anges. Céline « tricard », elle est d'accord.

Le numéro de Lorànt Deutsch ne ressemble pas aux canons du fan-club de Céline. Comme c'est lyrique, enlevé, pas bégueule, s'enthousiasment pourtant les invités qui se pressent pour féliciter Buisson. Rares sont ceux qui osent s'interroger sur quelques étrangetés du film. L'Occupation racontée sur l'air de « Y'a de la joie ». Le salut hitlérien, qui se fait comme d'autres lèvent le poing en 1936 pour réclamer les congés payés. Un ou deux spectateurs isolés conviennent en baissant la voix, durant le cocktail, qu'à deux ou trois reprises on « frise l'éloge du IIIe Reich » : que viennent faire dans ce film présenté comme une promenade dans la capitale les images du château de Sigmaringen, où s'était exilé en novembre 1944 le gouvernement de Vichy, mais aussi l'auteur de pamphlets antisémites ? Le documentaire se contente d'une brève allusion au « grand délire antisémite » de l'auteur de *Bagatelles pour un massacre*. Si Céline fuit Paris, dit en substance le film, c'est parce que, en bas de chez lui, un « nid de résistants » est prêt à le « dézinguer ».

Francis Bergeron, plume du quotidien d'extrême droite catholique *Présent*, s'extasie le soir même dans son journal sur « cette promenade littéraire » aux archives « extrêmement bien choisies et bien montées ». *Minute* n'est pas en reste : « On sort de ce film renforcé dans la certitude qu'il est des purgatoires qui valent des Légions d'honneur ou des prix Nobel », salue le quotidien. Seul *Télérama* fait la fine bouche. La diffusion du documentaire est précédée d'un bouche-à-oreille unanime et flatteur. Même *Le Monde* est emballé : « Une balade tonique, revigorante, carrément jouissive ! » félicite le quotidien du soir. Patrick Buisson n'en espérait pas tant, et le compliment est reproduit sur la pochette du DVD de *Paris-Céline*. Un Graal.

10

Voyage à Rome

Quatre signes de croix et un Pater, c'est une première pour un président de la Ve République. Tout comme cette « prière pour la France » à laquelle le chef de l'État assiste en personne, dans la chapelle Sainte-Pétronille, au fond de la basilique Saint-Pierre. « Souvenez-vous de la France qui longtemps vous voua un culte fervent », récite le cardinal Tauran, un des hauts prélats français que compte le Vatican. Le maire de Marseille, Jean-Claude Gaudin, en complet de sénateur, et son complice de toujours, Patrick Buisson, costume noir et chemise assortie, sourient d'aise, ce 8 octobre 2010, en écoutant avec le président cette oraison antique oubliée depuis la monarchie. Le pari a été tenu.

Le voyage a été mis sur pied en moins d'un mois, et c'est le premier miracle du déplacement. Un mois, un délai très court pour les usages du protocole papal, le signe d'une bienveillance exceptionnelle du Saint-Siège. Il y avait urgence.

En août 2010, une circulaire du gouvernement français sur le nécessaire « démantèlement des camps » de Roms, devenus autant de « zones de non-droit qu'on ne peut pas tolérer en France », a soulevé de vives protestations, et pas seulement à gauche. Beaucoup de catholiques se sont émus, d'autant qu'à l'angélus, le 22 août, le pape a appelé, en français, à « accueillir les légitimes diversités humaines ». La presse y a décelé une critique évidente de la politique d'expulsions de Paris.

Jacques Chirac détestait Rome, une « ville qui pue la mort », comme il disait. Il s'était opposé à l'inscription des « racines chrétiennes de l'Europe » dans le projet de Constitution européenne et interdisait qu'on dise le bénédicité dans l'enceinte de l'Élysée. Nicolas Sarkozy, lui, n'a jamais caché son intérêt pour le catholicisme, ou du moins pour son électorat. Avec l'aide de sa conseillère Emmanuelle Mignon, il a conversé avec le jeune dominicain Philippe Verdin dans un livre publié en 2004 aux éditions du Cerf, *La République, les Religions, l'Espérance*. Le livre a connu un franc succès et suscité le regard bienveillant des croyants.

Grisé, le nouveau chef de l'État avait tenu, dès Noël 2007, à prendre possession lui-même, à Rome, du titre de chanoine de Saint-Jean-de-Latran, qui échoit à tous les présidents. Dans un discours devenu fameux, il avait rappelé, quatre cents ans après Henri IV, les « racines chrétiennes de la France » : « Dans la transmission de valeurs et dans l'apprentissage de la différence entre le bien et le mal, l'instituteur ne pourra jamais remplacer le curé ou le pasteur. » La phrase avait fait scandale dans la gauche laïque. Mais enchanté Patrick Buisson, qui, durant la campagne, répétait à son champion : « Il nous faut du sabre et du goupillon ! » Les militants de l'UMP avaient ainsi eu la surprise d'entendre leur candidat citer Jean-Paul II au journal de 20 heures de TF1, quelques jours avant le premier tour.

Pour ce deuxième voyage, en cet automne 2010, le président a pris ses précautions. Il a évité quelques présences encombrantes, comme celle de l'humoriste gaulois Jean-Marie Bigard, qui avait tant choqué les catholiques trois ans plus tôt. Sa délégation accueille cette fois Bruno Frappat, le respectable patron de *La Croix*. Il a aussi prudemment renoncé à emmener son épouse, Carla Bruni, afin de ne pas froisser Sa Sainteté – le couple présidentiel ne s'est pas marié à l'église. Patrick Buisson a également recommandé à Nicolas Sarkozy de ne plus tapoter de textos sur son portable dans le palais apostolique.

Après un entretien d'une demi-heure dans la salle du Trône, le chef de l'État français offre à

Benoît XVI une édition rare du *Génie du christianisme* de Chateaubriand, qui fut ambassadeur près le Saint-Siège. Et réclame un chapelet pour la petite-nièce de son épouse, qu'on lui apporte dans un écrin blanc.

La visite ne s'achève pas là. Patrick Buisson, qui a lu dans les sondages de nouveaux signes de fragilité de l'électorat catholique, a souhaité quelque chose de plus spectaculaire. De plus voyant. Le 8 octobre 2010, le président de la République française traverse donc la nef de la basilique vaticane sous les yeux de centaines de pèlerins et de touristes ébahis, mais aussi des journalistes qui l'ont suivi depuis Paris. Il marque une première halte devant la chapelle du Saint-Sacrement, puis se recueille au pied du tombeau de saint Pierre et se signe à nouveau. Avant de quitter l'édifice, où il a écouté une dernière fois le cardinal Tauran demander à Dieu « courage et persévérance » pour le peuple français et ses dirigeants, le chef de l'État récite le « Notre Père » et fait son quatrième signe de croix.

Tout cela a été possible grâce à Mgr Nicolas Thévenin, un ecclésiastique français de la communauté Saint-Martin, très proche de Benoît XVI et de son secrétaire particulier, le tout-puissant Mgr Georg Gänswein. Pendant de nombreuses années, ce diplomate du Vatican a réglé les audiences du souverain pontife. Quand l'Élysée, paniqué, a décidé en cet automne 2010 d'organiser dans un délai record une nouvelle visite du chef de l'État français au Saint-Siège, on n'a guère vu que lui pour assister l'Élysée.

De son côté, le chef de cabinet du président, Guillaume Lambert, contacte un spécialiste des arcanes du Vatican, Nicolas Diat, ancien journaliste du *Figaro Magazine* devenu le conseiller spécial du ministre Laurent Wauquiez. On sait Diat très proche du cardinal Bertone et d'autres éminences ; il a lui-même l'oreille de Mgr Thévenin, cet archevêque dont on dit qu'il peut tout. Un circuit balisé, mais, en France, ceux qui connaissent les secrets des palais apostoliques sont rares. Le protonotaire du pontife obtient l'audience tant désirée, dont Patrick Buisson fait mine de régler le décorum.

Autant dire que la remise à l'Élysée de l'insigne de chevalier de la Légion d'honneur à ce prélat, quelques mois après la visite au pape, prend un tour particulier. Elle sonne pour les initiés comme un dû remerciement pour ce voyage si promptement organisé. Nicolas Sarkozy prononce lui-même l'éloge de l'ecclésiastique – un discours que Patrick Buisson a demandé quelques semaines plus tôt à Camille Pascal, historien et catholique convaincu.

Que de couleurs et de moire, ce 13 mars 2011, dans la salle des fêtes de l'Élysée ! Mgr Thévenin porte sur ses bas noirs sa soutane filetée et sa traditionnelle ceinture violette, mais a ajouté pour l'occasion un ferraiolo de soie à cordon et à glands amarante noué autour de son cou. Autour de lui virevoltent des robes de cérémonie et des cols romains, tandis que s'esquissent des apartés en italien. « Jamais, peut-être, depuis la remise de la barrette cardinalice au nonce Paolo Marella par le général de Gaulle, ou bien sûr la visite du pape Benoît XVI à Paris, le Palais n'avait été aussi empourpré », s'enthousiasmera Camille Pascal dans ses *Scènes de la vie quotidienne à l'Élysée*. On entend les soutanes froufrouter autour du président.

Toute la hiérarchie ecclésiastique et les paroisses parisiennes se retrouvent sur le tapis du salon. Mgr Rey, l'évêque de Toulon, proche des intégristes, côtoie Mgr Aillet, son confrère de Bayonne. Patrick Buisson a pris soin de convier aussi des journalistes amis. Philippe Maxence, le rédacteur en chef du bimensuel catholique *L'Homme nouveau*, chroniqueur à Radio Courtoisie, devise avec des piliers de *Valeurs actuelles*, comme son patron Guillaume Roquette. *Le Figaro* aussi a répondu présent. Du moins sa branche catholique traditionnelle, en discrète ascension dans la rédaction.

Il y a là le directeur des hors série du quotidien, Michel De Jaeghere, auteur, aux éditions

Renaissance catholique, d'une *Enquête sur la christianophobie*, et réputé proche des lefebvristes. Il y a aussi le journaliste politique Guillaume Tabard, qui s'entretient souvent par téléphone avec Buisson. Il est l'ancien rédacteur en chef de *France catholique*, un hebdomadaire vieux de près d'un siècle. C'est un croyant fervent et pratiquant, membre de la très évangélique communauté Aïn Karem. On y dit la bonne parole devant l'église Saint-Louis-d'Antin ou, l'été, sur les plages.

Patrick Buisson passe d'un prélat à l'autre sous le regard sidéré de la conseillère Catherine Pégard, qui comprend que cet étrange ballet élyséen cache de bien mystérieux arrangements. Jamais, dans sa longue carrière de journaliste, elle n'a surpris une telle affluence d'hommes d'Église, ni un tel mélange des genres.

Sous les yeux aveugles de Nicolas Sarkozy, Patrick Buisson joue les maîtres de cérémonie, goûtant son triomphe avec délectation, s'employant à faire défiler les invités un à un devant l'ecclésiastique. Une partie d'entre eux a déjà eu l'honneur de croiser le président, mais l'autre rêve de rencontrer Mgr Thévenin, dont l'influence est forte au Saint-Siège. Le patron du *Fig'Mag*, Alexis Brézet, grand défenseur de la messe en latin, s'entretient longuement avec le nouveau décoré.

« En étant voué au service de Dieu et du prochain, j'ai conscience d'avoir servi mon pays, clame Mgr Thévenin de sa chaude voix de stentor. Dans l'Église, mon identité de fils de la France ne s'est pas amoindrie, elle a été bien au contraire promue », explique ce catholique cultivé qui, après des études à l'école laïque, a suivi l'Académie pontificale, sorte d'ENA de l'Église. Le prélat profite de l'occasion et de la vaste assemblée pour saluer la mémoire de Mgr Jean-François Guérin, défunt fondateur de sa communauté, Saint-Martin, sur laquelle toute la droite cléricale s'émerveille. Patrick Buisson apprécie la référence. Il a découvert il y a peu cette communauté tourangelle dont son ami Philippe de Villiers lui a tant parlé, et que fréquente également Pauline de Préval.

11

Les tourments de Caroline Pascal

Caroline Pascal est une femme intelligente et subtile qui adore croquer les gens et les transformer en personnages de roman. Cette normalienne agrégée d'espagnol, devenue inspecteur d'académie, a choisi de rester vivre à Versailles et tente d'offrir à son mari Camille la sérénité familiale et quasi provinciale dont il a besoin depuis qu'il a rejoint Nicolas Sarkozy à l'Élysée.

Caroline Pascal et son mari appartiennent, comme leurs amis les Brézet, à la droite traditionnelle, catholique et discrète, qui aime les lettres et déteste l'ostentation. Assez lucide, aussi, en principe, pour flairer l'odeur du soufre. Il suffit de lire les titres de ses livres pour constater qu'elle raffole des doubles fonds et des faux-semblants. Après *Derrière le paravent*, un autre roman, *L'Envers d'une vie*, publié en 2013, raconte l'histoire d'un homme très laid, religieux, rigide, à la double personnalité. Lorsqu'elle était ministre de la Culture et de la Communication,

Christine Albanel lui a remis personnellement les insignes de chevalier des Arts et Lettres.

Caroline Pascal a confiance en son mari et en ses choix. Elle a rencontré le futur historien en khâgne au lycée La Bruyère, l'a accompagné dans sa quête de pouvoir. Mais, en cette soirée de 2013 où elle l'entend s'exalter avec tant de véhémence, elle a l'impression de vivre avec un inconnu. « Tu n'es plus toi-même, Camille. Tu es devenu outrancier, vindicatif, je ne te reconnais pas. » Depuis quelque temps, une pensée ne la quitte pas. Et si son époux était sous emprise ?

Son malaise a un nom : Patrick Buisson. Un conseiller du président que son mari a rencontré lorsqu'il a rejoint l'équipe des plumes de l'Élysée, en 2011, et dont le prénom occupe désormais toutes les conversations – « Patrick a dit », « Patrick pense que »... Il serait malheureux, soupire-t-elle, que cet homme au regard trouble, qu'elle a croisé à l'avant-première du film *Paris-Céline*, vienne contrarier une si belle ascension. Depuis qu'il a décroché son agrégation d'histoire, Camille Pascal, qui n'a pas encore cinquante ans, a réussi à éviter les embûches.

Camille Pascal n'a jamais songé à se satisfaire d'une carrière tranquille de professeur. Ambitieux et fasciné par la politique, le jeune diplômé rejoint le cabinet de François Bayrou en 1995, avant de creuser son sillon au sein de la mouvance centriste. Dominique Baudis, qui préside le Conseil supérieur de l'audiovisuel, en fait son directeur de cabinet, et Camille Pascal devient, en 2006, le secrétaire général de France Télévisions, chargé de la communication du groupe. Une belle fonction qui le rattrapera en avril 2014, lorsque le juge Van Ruymbeke le mettra en examen pour favoritisme dans l'affaire Bygmalion, cette agence suspectée de double facturation. Le couple Pascal ne le sait pas encore, mais cette période est celle du début des ennuis.

Lorsque, dans les derniers jours de l'année 2010, le secrétaire général de l'Élysée, Claude Guéant, lui propose un rendez-vous, Camille Pascal est euphorique. Un coup de téléphone du Château ! Presque le plus beau jour de sa vie. Sa joie a quelque chose de naïf et d'enfantin.

Nicolas Sarkozy a besoin d'un nouveau conseiller pour écrire ses discours, notamment ses textes historiques. Claude Guéant, qui le reçoit fin décembre, est conquis par l'enthousiasme et la culture de l'historien. Il espère avoir trouvé celui qui l'aidera à « représidentialiser » Nicolas Sarkozy, l'obsession du moment rue du Faubourg-Saint-Honoré.

Le flot de louanges flatteuses que Camille Pascal chante à propos du président emporte la décision du secrétaire général. Dans cette cour qu'est devenu l'Élysée, on ne s'extasie jamais trop devant le chef de l'État. L'historien est prié de prendre ses nouvelles fonctions dès le 1er janvier 2011.

C'est en modeste conseiller qu'il fait ses premiers pas. Il se voit affecter un bureau vétuste comme il y en a tant à l'Élysée, occupé par un vieux frigidaire. Au quatrième étage, celui des sans-grade, des gratte-papier, dont l'indispensable travail revient rarement aux oreilles du prince. Pas question que les nouveaux venus se prennent pour ce qu'ils ne sont pas et s'imaginent rivaliser avec le conseiller spécial Henri Guaino, auteur des discours les plus stratégiques, dont le bureau jouxte celui de Nicolas Sarkozy.

L'épreuve du feu ne tarde pas. Claude Guéant lui commande un discours sur les chrétiens d'Orient, que le président doit prononcer le 7 janvier à l'occasion des traditionnels vœux aux autorités religieuses. En élève consciencieux, la nouvelle recrue s'y attelle d'arrache-pied. Catholique pratiquant, Pascal est à l'aise avec son sujet et truffe son texte de références historiques qui, espère-t-il, vont faire mouche.

C'est néanmoins en tremblant qu'il remet son travail : ses collègues l'ont prévenu, le discours prononcé n'a souvent que peu de rapport avec celui tracé par la première plume. La copie « passe à la moulinette », celle de Claude Guéant d'abord, puis de conseillers anonymes chargés de plancher à nouveau sur le texte, de le torturer, de le pétrir – quand le tempétueux Guaino ne décide pas de tout réécrire. Pour son coup d'essai, Camille Pascal s'en sort bien. Le verdict tombe rapidement : « Le président est très content. » Le novice en danserait presque de joie.

Il ne sait pas encore qu'il s'est fait remarquer par un des hommes les plus influents de la sarkozie. Patrick Buisson veut connaître l'auteur de ce discours et téléphone au nouveau conseiller pour le féliciter. « Enfin quelqu'un de cultivé dans cette équipe ! » se réjouit-il, avant de l'inviter à déjeuner. Camille Pascal se rend au restaurant impatient et fébrile. Le politologue lui pose mille questions sur ses origines familiales. Le nouveau conseiller raconte son grand-père résistant, décoré de la médaille des Justes à titre posthume. Mais c'est l'autre grand-père, un des croix-de-feu du colonel de La Rocque, celui qui ne figure pas sur ses notices biographiques, qui intéresse Patrick Buisson.

Avec Camille Pascal, l'idéologue comprend tout de suite qu'il a trouvé l'allié qui lui manquait au Château. Son cheval de Troie, son oreille dans la forteresse élyséenne et dans les réunions où il n'est pas. Un complice pour contrer l'influence des « mous », comme il dit, Pierre Giacometti ou Franck Louvrier.

Guillaume Peltier, Geoffroy Didier, Jérôme Lavrilleux, le bras droit de Jean-François Copé... Patrick Buisson s'est toujours entouré d'hommes plus jeunes que lui, petits Rastignac avenants qu'il guide dans l'ombre. Ses protégés se chargent de faire avancer ses idées – et parfois ses affaires. En retour, le conseiller se bat pour placer ses relais politiques, journalistes ou intellectuels, à des postes-clés. Avec des fortunes diverses.

Il avait rencontré Antoine Cassan, plume de François Léotard et d'Alain Madelin, à l'époque de *Minute*. Les deux hommes étaient devenus si complices que Patrick Buisson l'avait enrôlé dans ses deux sociétés de conseil, PubliOpinion et Publifact.

Trente ans plus tard, c'est le même Cassan qu'il pousse au Centre national du livre, chargé de la défense de l'édition, lorsque son ami l'essayiste et éditeur Jean-François Colosimo en prend la tête. Le CNL, une belle place pour des amis amateurs de littérature, comme lui.

À la fin de l'année 2008, le patron de la prestigieuse direction du livre et de la lecture, Benoît Yvert, est convoqué à l'Élysée par la directrice de cabinet du président, Emmanuelle Mignon.

Il croit qu'elle va lui parler de l'avenir du livre et du marché de l'édition ; il se voit reprocher sa proximité avec Dominique de Villepin, un homme que l'éditeur et écrivain avait accompagné jusqu'à Matignon, et dont il partage la passion des livres anciens. « Pourquoi avez-vous suivi un con pareil ? » l'interroge Mignon. « Si vous voulez que je dise du mal de Dominique, je n'en dirai jamais. » Yvert pense l'affaire terminée. Il ignore que Patrick Buisson et Emmanuelle Mignon travaillent main dans la main.

Quelques semaines plus tard, autre surprise. Lors d'une réunion avec l'ensemble des directeurs d'administration, le patron du CNL entend le directeur de cabinet de la ministre de la Culture Christine Albanel glisser l'air de rien : « Il y a une société, Publifact, la ministre aimerait bien que vous travailliez avec elle pour votre communication. » Benoît Yvert ne donne pas suite. En mai, il choisit de démissionner. Christine Albanel lui annonce elle-même que Jean-François Colosimo lui succède « à la demande de Patrick Buisson ».

Deux ans plus tard, autre allié, autre tentative, avortée cette fois-ci. À l'été 2011, le conseiller chargé des études d'opinion Julien Vaulpré quitte l'Élysée après quatre ans de bons et loyaux services. Patrick Buisson veut faire nommer à sa place le jeune UMP Guillaume Peltier. Xavier

Musca, le nouveau secrétaire général de l'Élysée, ne veut pas en entendre parler : pas d'ancien du Front national de la jeunesse au Château. Même Jean-Michel Goudard, toujours aux côtés de Buisson, estime cette fois qu'il s'agit d'une « mauvaise idée » : « On ne le connaît pas, c'est un poste de confiance. » Devinant qu'il a perdu la partie, Buisson n'insiste pas. Il ne renonce pas pour autant à avancer d'autres pions.

En 2012, il invite ainsi Pierre Charon, le vieux complice du président, à déjeuner avec son nouvel avocat, le Franco-Israélien Gilles-William Goldnadel. Un homme souriant et volubile, sioniste revendiqué, qui rêve de faire de la politique à l'UMP et de devenir député. Buisson n'y va pas par quatre chemins. Il demande à Pierre Charon, membre de la commission d'investiture de l'UMP, d'aider Goldnadel à devenir candidat des Français de l'étranger dans la circonscription qui englobe Israël. Charon promet de faire de son mieux, mais une autre candidate est finalement investie.

Mais c'est sur Camille Pascal que Patrick Buisson fonde le plus d'espoirs. Avec lui, il discute religion et littérature, Céline et Drieu La Rochelle, mais aussi Primo Levi, l'auteur italien qui a raconté l'horreur concentrationnaire et qui intéresse Buisson. Ils s'amusent surtout à éreinter les autres conseillers du Château, des

« incultes » qui ne connaissent pas l'histoire de France et « tirent le chef de l'État vers le bas ». « S'il n'y avait que des conseillers comme vous ! » flatte Buisson.

C'est devant d'autres qu'il dira ce qu'il pense vraiment de *Scènes de la vie quotidienne à l'Élysée*, récit des deux courtes années passées au Château : « Le journal d'une femme de chambre ! » Double jeu, comme toujours. « Vous connaissez tout le monde ! » lâche régulièrement Buisson au jeune conseiller qui lui raconte par le menu ses dîners en ville.

Camille Pascal est issu de la haute société provinciale, celle des chevalières qui fascinent tant le fils de camelot. Il porte des chaussettes Gammarelli, le couturier romain du pape de la Piazza della Minerva. Avec la force de conviction que tous lui reconnaissent, le politologue persuade ce catholique fervent que la réélection de Nicolas Sarkozy passe par un retour aux valeurs : autorité, immigration, appel au peuple contre les élites… « Les Français ne veulent pas des musulmans », répète-t-il aussi. Une obsession.

Il ne vient jamais à l'idée de Camille Pascal de le contredire : il est si honoré de partager les déjeuners du confident du prince ! Patrick Buisson a compris qu'il a trouvé là un allié et un « espion » de fer. Reste à le faire entrer dans le premier cercle. Le patron de la chaîne Histoire lance auprès de Claude Guéant et de Nicolas Sarkozy une offensive appuyée pour faire coopter son protégé aux rendez-vous stratégiques de l'Élysée. « Il y en a un que je veux voir promu, c'est Camille Pascal », insiste-t-il auprès de Jean-Michel Goudard.

Le nouveau conseiller intègre d'abord la réunion de 8 h 30, puis, en novembre 2011, celle du salon vert. Son nom est même soufflé pour diriger la campagne de Nicolas Sarkozy en 2012, qui lui préfère finalement son chef de cabinet, Guillaume Lambert.

La défaite n'altère pas leurs liens. L'ancienne plume du président a trouvé refuge au Conseil d'État et, grâce à « Patrick », une pige à *Valeurs actuelles*. Les deux hommes continuent de se retrouver Chez Francis, une brasserie bien française de la place de l'Alma.

Ce jour d'avril 2013, Patrick Buisson y arrive très contrarié. Dans une interview qu'il a donnée au *Figaro Magazine* sur le christianisme, il a repris des passages d'un ouvrage de Jean-Louis Harouel, professeur de droit à l'université Paris-II, intitulé *Le Vrai Génie du christianisme*, en hommage à Chateaubriand. L'auteur l'a découvert et a alerté les médias.

Camille Pascal n'a pas d'états d'âme. C'est un bon soldat. Le 18 avril, dans une de ses chroniques de *Valeurs actuelles*, « Du plagiat et des obscurs », le fidèle conseiller s'applique, sans le nommer, à ridiculiser cet « illustre inconnu » en quête de « gloire médiatique » qui ose se plaindre de ne pas avoir été cité par Patrick Buisson. Il ne faut y voir que l'amertume d'un homme qui n'a jamais dépassé « les portes grinçantes d'amphithéâtres poussiéreux », écrit l'ex-plume de Nicolas Sarkozy avec la condescendance de celui qui, grâce à Patrick Buisson, a tutoyé les cimes du pouvoir. Était-ce cela, pour Caroline Pascal, l'allégeance de trop ?

12

Un confesseur nommé don Louis

Comme il a insisté, don Louis-Hervé Guiny, pour qu'on lui présente Patrick Buisson ! Avant d'accepter la rencontre, le conseiller de Nicolas Sarkozy, qui n'aime rien tant que se laisser désirer, a laissé filer les semaines, puis les mois. Son temps est trop précieux pour qu'il le perde avec le simple directeur spirituel d'une communauté, un « abbé de province », comme il dit avec mépris depuis qu'il a eu accès au pape et au Vatican.

Ce quadragénaire ambitieux, qui raffole de politique et rêve de devenir évêque, est la figure charismatique de la communauté catholique la plus dynamique de France, Saint-Martin. Longtemps installée dans un château de Candé-sur-Beuvron, près de Blois, elle forme et sélectionne des séminaristes de haut vol, souvent diplômés de grandes écoles : HEC, Normale Sup ou Sciences Po. Et rayonne désormais dans tout l'Hexagone : la petite centaine de séminaristes formés par don Louis-Hervé Guiny, dont la stature un peu raide trahit la formation militaire, se voit chaque année confier de nouvelles paroisses. Le succès est tel que Saint-Martin s'est résolue à s'agrandir en rachetant l'abbaye Notre-Dame d'Évron, en Mayenne.

Exilée à Voltri, un quartier de Gênes, dans un ancien monastère capucin, sous la protection du très conservateur cardinal italien Giuseppe Siri (un opposant viscéral au pape Paul VI), la communauté s'est longtemps tenue à l'écart de l'épiscopat français, jugé trop progressiste. Elle a fini par revenir en France en 1993. Les prêtres en soutane s'y font appeler « don » plutôt que « père », en souvenir de l'exil italien. Ils se saluent front contre front, selon une tradition bénédictine qui remonte au ve siècle. Et n'hésitent pas à évangéliser la rue, chapelet à la main, à la manière des adeptes du renouveau charismatique.

Saint-Martin abrite des catholiques pas vraiment intégristes, mais romains, ultramontains, nés dans ces années 1970 où certains fidèles trouvaient l'Église trop laxiste, ordonnant sans discernement. De quoi plaire à Buisson, ce contempteur de Mai 68, qui pendant de longues années n'a fréquenté les églises qu'à l'occasion de messes d'enterrement et se moquait de son collègue de *Valeurs actuelles* Michel De Jaeghere : « Il est tout le temps fourré à l'église ! »

« Pas la peine d'aller à la messe : depuis Vatican II, tout est foutu », soupire-t-il, au début de leur rencontre, à sa collaboratrice Pauline de Préval. La jeune femme se plaît en effet à projeter une image de mystique farouche. Si Patrick Buisson se moque parfois, c'est pour mieux cacher qu'elle l'impressionne. Le fils de camelot connaît bien son histoire de France, mais n'a pas de solide culture religieuse.

Contrairement aux apparences, Patrick Buisson est un gallican bien plutôt qu'un ultramontain : pour lui, le pape se met au service d'un projet politique. L'Église doit mener un combat, la contemplation ne suffit pas. Si Patrick Buisson est maurrassien, c'est d'abord parce qu'il croit que l'Église est une armée, une idéologie, dont, à Rome, le pape est le chef.

Benoît XVI lui plaît. En 2007, alors qu'il accompagnait au Vatican Nicolas Sarkozy, il lui avait glissé à voix basse, et certains avaient pu le lire sur ses lèvres : « Merci pour le *motu proprio.* » Le *motu proprio* ? Une lettre apostolique qui libéralise l'usage du rite de saint Pie V, en vigueur dans l'Église jusqu'en 1969. Quelques mois plus tôt, Benoît XVI avait rétabli cette traditionnelle messe en latin qui « participe du sacré, et même du mystère », aime répéter Buisson. Quelle déception lorsque, en février 2013, le souverain pontife renonce à ses fonctions ! L'acte de lâcheté politique d'un Allemand rattrapé par son histoire, fulmine Buisson.

Il s'est découvert, grâce à Pauline – ou pour lui plaire –, une passion pour le chant grégorien. Ressusciter la liturgie classique, c'est justement une des missions de Saint-Martin. À la messe, les chœurs d'hommes sont indépassables. Dans le monastère, on pratique aussi l'ascèse la plus traditionnelle. Les repas sont pris en silence, et les journées rythmées par les laudes et les complies. Pour autant, les prêtres peuvent aller jouer au basket avec les jeunes, ou organiser des camps de vacances.

Saint-Martin, c'est le royaume des « tradomatiques », disent les initiés, un traditionalisme habillé de modernisme.

Dans sa robe noire, don Louis-Hervé Guiny, le « directeur spirituel » de la communauté, est un guide aux allures de Grand Meaulnes ecclésiastique. Emmanuel Guiny – de son vrai nom –, ancien élève du Prytanée militaire et de l'École de l'air, a été ordonné en 2000 après avoir hésité un moment à porter l'uniforme. Il en a gardé la psychologie et la culture. Patrick Buisson découvre chez ce prêtre un admirateur de Bernanos, « ce catholique vociférateur qui ne compose pas avec l'ordre social dominant », dit le conseiller de Nicolas Sarkozy. Don Louis-

Hervé Guiny est également un admirateur exalté de la geste de l'Action française.

Articles dans des revues, conférences dans des colloques ou des lycées catholiques, comme Saint-Jean-de-Passy, il est un orateur très demandé, ce qui n'est pas pour lui déplaire. Comme ces abbés de cour, cultivés et intrigants, qui ont peuplé la littérature française, il recherche le grand et le beau monde, la table et le boudoir. Avant même d'envoyer ses troupes défiler contre la loi Taubira et le mariage pour tous, il a compris l'intérêt de devenir le « guide spirituel » de ce « réarmement moral » qui s'esquisse au sein de la droite parlementaire.

De l'avis général, cette figure de Saint-Martin jouit aussi d'un pouvoir de séduction sur les hommes et les femmes qu'il écoute et confesse. Pas étonnant que, parmi ceux qui fréquentent régulièrement la communauté, comme Pauline de Préval, on trouve beaucoup de journalistes engagés et de politiques. Ainsi de l'ancien membre du Front national, Guillaume Peltier, ex-bras droit de Philippe de Villiers devenu animateur de la Droite forte. Ou encore du jeune Vincent Trémolet de Villers, formé à *Valeurs actuelles* et aujourd'hui responsable des débats de FigaroVox. Poli, voire suave, habile et bien élevé, don Louis a l'art de plaire et le talent de s'attirer les faveurs.

Comme il est flatté, par exemple, lorsque Patrick Buisson lui demande de célébrer le second mariage de Laurent Solly, devenu le « numéro deux » de TF1 ! Le prêtre n'hésite pas, de son côté, à solliciter le conseiller élyséen pour obtenir – sans succès – le statut de fondation pour la communauté Saint-Martin, afin d'alléger la fiscalité sur les dons. C'est aussi au grand complet que la communauté se presse, en soutane, à la projection du documentaire que le patron de la chaîne Histoire consacre à Paris au théologien Gustave Thibon, fin 2013. Même Jacques Trémolet de Villers, un pilier du lobby catholique intégriste Civitas, a répondu présent.

Avant de devenir le prêtre préféré de la sarkozie, don Louis est déjà depuis de longues années le confesseur attitré de la famille Le Jolis de Villiers de Saintignon. L'épaule sur laquelle Philippe de Villiers a choisi de s'appuyer. Villiers est une référence, à l'époque, pour les catholiques traditionalistes français – leur idole, bien davantage encore que Christine Boutin. Contrairement à Jean-Marie Le Pen, le Vendéen représente la France des valeurs catholiques. Il est le père de sept enfants, dont deux filles devenues des dominicaines du Saint-Esprit.

À Tours, la communauté avait pris l'habitude d'attirer les fils de grandes familles traditionnelles des environs – Angers, Nantes, et jusqu'à

Cholet et La Roche-sur-Yon, au cœur du Bocage vendéen. De ces rares lignées catholiques qui estiment encore qu'à quatorze ans tout adolescent doit se poser la question de la « vocation ». Les week-ends de retraite ou les semaines de camp scout avec les prêtres de Saint-Martin sont une manière de remplacer le petit séminaire d'antan, ou de tenter de remettre les rebelles de la bourgeoisie et de la noblesse de l'Ouest dans le droit chemin.

En cette année 2000, le jeune Laurent de Villiers, petit dernier de la fratrie, donne du fil à retordre à ses parents. Il paresse à l'école. On décide de l'envoyer en vacances à Saint-Martin. Don Louis propose de s'occuper personnellement du rejeton de la famille. Le curé a alors trente ans, une bonne tête d'officier de marine. L'adolescent de seize ans, lui, semble dépressif – c'est du moins ce qu'ont indiqué ses parents. Don Louis va le chercher lui-même à la gare de Blois. L'accompagne dans ses prières, le prend en charge au camp de jeunes de l'Eau-Vive, à Goumois, au bord du Doubs, où l'adolescent va passer ses vacances.

C'est un jour de messe en plein air que Laurent de Villiers choisit de se confier au prêtre. Le jeune homme porte en lui un secret très lourd. Il affirme à don Louis que son grand frère Guillaume, de six ans son aîné, a abusé de lui lorsqu'il avait entre dix et douze ans. Plus que de simples jeux entre frères, une épreuve inavouable qui le hante et le détruit à petit feu.

Le jeune garçon, en short, à genoux, se signe. Don Louis l'écoute en posant beaucoup de questions, comme à son habitude. Selon l'adolescent, il clôt ainsi la discussion : « Je ne te donne pas l'absolution, car je ne veux pas que tu croies que je t'ai confessé. » Mais il ne le quitte pas de l'été et prend lui-même le téléphone pour rassurer ses parents : « Soyez sans crainte. Je m'en occupe. Je vais le sauver. » Quand l'adolescent retrouve le nid familial, il se porte nettement mieux. Il veut changer d'école, rejoindre un établissement confessionnel, déclare qu'il pourrait devenir curé un jour, et accepte de porter les vestes Barbour de ses frères, bref, se range. Et ne jure plus que par don Louis-Hervé et Saint-Martin.

Les Villiers fréquentent des prêtres depuis toujours. Mais, en trois mois, don Louis les éclipse un à un. Les portes des Aubretières, leur maison familiale nichée au pied du Mont des Alouettes, la colline inspirée des Vendéens, lui sont tout entières ouvertes. Le prêtre est sollicité pour chaque grande occasion, comme la célébration des messes anniversaires de la grand-mère des enfants. Il est devenu indispensable au président du conseil général. Villiers, dont le sens de l'humour reste toujours aiguisé, lui a trouvé un surnom : don Louis devient « père Joseph », comme l'éminence grise du cardinal de Richelieu.

Lorsque – coup de théâtre – Laurent de Villiers décide de porter plainte contre son frère, en octobre 2006, le prêtre est catastrophé. Il fait tout pour l'en dissuader. Un fils Villiers comparaissant pour viol devant une cour d'assises pour mineurs, l'affaire sonnerait la fin de la carrière politique du chef de file des souverainistes de droite et ferait très sale effet dans l'électorat catholique. Les adversaires du présidentiable sauraient trop bien se servir de ces turpitudes familiales pour attaquer un candidat qui se présente depuis tant d'années comme le représentant des valeurs morales…

C'est le moment où Patrick Buisson entre en scène. Il connaît le Vendéen depuis 1993. Dans la biographie qu'il lui a consacrée, il dresse un portrait sans distance d'un « chouan psychédélique », créateur à vingt-neuf ans d'une aventure pas banale, le Puy du Fou, dont il cisèle lui-même chaque vers du spectacle. Revisiter l'histoire et la rejouer pour le grand public, rien ne peut séduire davantage Buisson, qui emmène très vite sa chère Pauline visiter le parc à thème : son bourg 1900, son village du XVIIIe, les automates musiciens, le château…

Villiers et Buisson conçoivent la politique de la même manière : une croisade pour aider au redressement de la France. Devant le premier, le second laisse tomber ses tabous et ne décolère pas contre cette « République de merde » qui abandonne la famille, les valeurs chrétiennes, et laisse s'installer l'islamisme.

Ensemble, ils ourdissent des scénarios pour éviter l'impensable : la cour d'assises pour Guillaume, le fils aîné de la famille Villiers. « Contrairement à la tradition républicaine, qui veut que le garde des Sceaux avertisse les hommes politiques, personne ne m'a prévenu, soupire Villiers devant Buisson et don Louis. Qui a voulu m'éliminer ? »

Chacun s'agite à sa manière. Le conseiller de Nicolas Sarkozy, d'abord. Il se vante d'entretenir des relations haut placées et assure que Claude Guéant maîtrise le cours de la procédure : invention ou pas, Philippe de Villiers le répète en famille pour décourager Laurent. Mais c'est don Louis, le confesseur de Saint-Martin, qui met toute son autorité en jeu pour pousser le jeune homme à retirer sa plainte. C'est ce que montre, noir sur blanc, une pièce versée au dossier d'instruction sur laquelle personne ne s'arrête à l'audience : nul ne connaît don Louis hors de cet inframonde opaque où s'agitent quelques politiques « ultras », une frange de l'Église, et un petit groupe de journalistes conservateurs.

Un mois après avoir déposé plainte, le jeune homme appelle l'homme d'Église :

Laurent de Villiers : Vous vous souvenez, à l'office, quand j'étais venu vous voir, quand j'avais eu cette fameuse confession ? Évidemment, c'est dans le cadre de la confession, je comprends, c'est secret, [mais] vous vous souvenez que je vous avais tout raconté...

Père Hervé : Je ne pense pas que tu mesures, Laurent, l'engrenage dans lequel tu es rentré. Évidemment, toi, c'est [la] justice, mais il y a plein de choses dans la justice, tu sais, et il y a la manière [...]. Moi je me rappelle qu'il y a quelques mois il y a eu le procès d'Outreau avec des personnes qui ont été condamnées à tort, ajoute l'ecclésiastique en évoquant l'affaire de viols sexuels sur mineurs du Pas-de-Calais, qui, après moult rebondissements, s'était close par sept acquittements.

Laurent de Villiers : Je suis d'accord avec vous, mais quand il y a un violeur qui est condamné, justement, il se retrouve derrière les barreaux.

Père Hervé : Ton père est un homme médiatique, donc il faut savoir où tu vas au nom de la justice [...]. Moi je sais [...] qu'il y a eu des séminaristes, des garçons, des jeunes filles qui ont eu les mêmes histoires ; je sais qu'il y a eu de vrais pardons, de vraies guérisons en passant par une psychothérapie, je sais qu'en arriver à la justice pour viol, quand cela reste dans le cadre familial, c'est une gageure.

> Laurent de Villiers : Vous avez une influence capitale sur mon père, donc si vous lui avez dit ça, évidemment !, raccroche rageusement le jeune homme.

L'affaire s'achève finalement par un non-lieu. Laurent de Villiers a compris que ni aide ni salut ne viendraient de son confesseur. Il ne reverra plus le séminariste. De telles brouilles sont rares, dans l'Église. Cinq ans plus tard, don Louis vivra pourtant à nouveau une rupture tout aussi violente.

13

La maman et la putain

« Ce bouquin est écrit par un grand pervers ! » Jean-Baptiste de Froment repose devant lui le premier tome d'une somme sur la Seconde Guerre mondiale qu'on lui a fait porter dans son bureau, à l'Élysée.

Le jeune conseiller est entré au Château quelques mois plus tôt, à la veille de ses trente ans, recommandé par l'ancien ministre de l'Éducation nationale Xavier Darcos. Cet élégant normalien, ancien professeur de philosophie à l'université de Nanterre, est encore sous l'émotion de sa lecture, en ce mois d'avril 2008. Il reprend dans ses mains le gros ouvrage qu'il a poussé devant ses collègues et en lit des passages à haute voix, partagé entre rire et malaise : « Le type qui a écrit ça a un énorme problème... »

Le « type », c'est Patrick Buisson. Jean-Baptiste de Froment ne le connaît que de réputation. Et pour cause : rue du Faubourg-Saint-Honoré, personne ou presque n'aperçoit jamais le visiteur du soir – les médias commencent seulement à s'intéresser à lui. Au premier étage du Palais, quand s'ouvrent ou s'achèvent les réunions, le conseiller officieux passe directement du bureau de Nicolas Sarkozy au salon vert attenant. Jamais il ne se risque dans les ailes de l'Élysée ou aux étages supérieurs – les mansardes des obscurs, ces conseillers techniques qui travaillent jour et nuit à la bonne marche du cabinet du président.

Le livre dans lequel Jean-Baptiste de Froment vient de se plonger s'intitule *1940-1945. Années érotiques.* Un premier tome de plus de 500 pages (le deuxième est prévu pour 2009), publié chez Albin Michel, et sous-titré « Vichy ou les infortunes de la vertu ». Un titre en référence à Gainsbourg, un sous-titre en hommage au marquis de Sade. L'auteur en a envoyé un exemplaire à Nicolas Sarkozy, mais le président ne l'a pas encore eu directement entre les mains. Le Château, en effet, a son protocole et ses procédures.

Lorsqu'un ouvrage est adressé au chef de l'État, il part immédiatement dans les étroits bureaux, sous les soupentes, pour être lu par une cellule de plusieurs conseillers. Le lecteur rend compte du livre dans une brève note, accompagnée d'un avis positif ou négatif, et décide si, oui ou non, une réponse doit être envoyée à l'auteur par le président. S'il juge qu'un remerciement est nécessaire, il doit proposer un modèle de réponse. Un mot écrit, argumenté et bien senti, afin que l'auteur ait l'illusion que le « PR », comme disent les conseillers, a lu son ouvrage.

Chargé à l'Élysée des questions d'éducation, Jean-Baptiste de Froment fait partie de la petite équipe de « lecteurs » réguliers de la présidence, une mission qui le distrait de tâches plus techniques et ingrates. L'exercice est subtil et hautement diplomatique. Le chef de l'État ne peut se permettre de féliciter un auteur sur un texte qu'il n'a pas feuilleté, aucun écrivain ne doit pouvoir se prévaloir d'un satisfecit présidentiel si l'ouvrage devenait objet de controverse.

Prudent, le jeune homme rédige donc, à l'attention de Claude Guéant, une note qu'il fait précéder, avant un rapide résumé, d'un « avis négatif ». En retour, il reçoit pourtant du secrétaire général de l'Élysée ce petit mot manuscrit : « Si. Il faut le faire. » Jean-Baptiste de Froment devine alors que cet ouvrage-là n'est pas tout à fait comme les autres.

L'ouvrage explore l'Occupation à travers un prisme bien particulier : celui de la sexualité. Sa thèse ? La France, « prise d'une fureur utérine », n'attendait en réalité qu'une chose : se faire « prendre » par les Allemands. « Pays femelle adore raclée », écrit Céline dans *Les Beaux Draps*, une citation que Buisson a placée en exergue d'un des chapitres. Pendant que les hommes étaient au front, puis prisonniers, les petites Françaises se sont émancipées de la culotte et ont couché plus qu'à leur tour.

L'ancien directeur de la rédaction de *Minute* avait déjà tenté de revisiter la guerre d'Algérie et de réhabiliter le passé colonial. Mais contourner l'historiographie « socialo-communiste » d'après-guerre selon laquelle, entre 1939 et 1945, la France entière était résistante, l'arracher à ses spécialistes, notamment l'Anglo-Saxon Robert Paxton, la tâche est autrement difficile. Vichy est un sujet tabou. Malin, Patrick Buisson prend la période à contre-pied. Non, la France ne s'est pas mortifiée pendant l'Occupation, suggère-t-il en filigrane, page après page. Elle a joui et s'est vautrée dans le plaisir et la luxure.

La France commence à se soumettre à son « objet de désir », l'occupant nazi, lors d'un été 1940 où « les soldats allemands sont nus du matin au soir ». Pendant cinq ans, le pays entier, selon Buisson, s'est ensuite « transformé en un immense camp naturiste ». Un vaste lupanar, un boxon à ciel ouvert où les vaincus se couchent devant la virilité allemande. Où que l'auteur mette son nez, il ne voit que sexualité débridée : sur le front avant la défaite, où les soldats tuent leur ennui sans retenue (« l'armée, école de la copulation »), pendant l'exode, où les femmes sombrent dans l'hystérie et s'abandonnent, raconte son livre, à des inconnus au bord de la route.

Sous couvert d'ordre moral, les mœurs se déglinguent même – surtout – à Vichy, ce « sanctuaire » d'homosexuels, insiste Buisson. Au cœur de l'État, c'est la débauche. Pétain est un coquin, un sauteur, marié à l'âge tardif de soixante-quatre ans à une femme divorcée, sans enfants, « hormis la demi-douzaine de bâtards qu'une rumeur tenace lui attribue ». « Le militaire marié, père de famille, catholique convaincu, issu d'une famille maurrassienne, frotté de lectures barrésiennes, il est à Londres », note l'idéologue, ravi du paradoxe.

Ceux qui ne le connaissent pas trouvent l'approche originale, quoique étrange. Buisson semble tellement au fait de la période qu'on croirait que, bien que né quatre ans après la fin de la guerre, il l'a vécue personnellement. Quand il décrit le bruit des semelles de bois des femmes, c'est comme s'il les entendait claquer sur les pavés de Paris. Lorsqu'il raconte les camps de jeunesse et les jeunes corps « endurcis » dans leurs shorts, c'est comme s'ils étaient sous ses yeux. Dans une première version, il avait écrit deux cents feuillets sur une tenancière de bordel ; son éditeur, l'ancien journaliste Thierry

Pfister, a dû le convaincre d'élaguer des pages et des pages. Et, *in fine*, de lui faire couper un tiers du livre.

Des jours entiers, il s'est enfermé dans des bibliothèques de province ou à la Bibliothèque nationale de France. S'est épuisé sur les comptes rendus des comités d'épuration, immergé dans les archives de la police judiciaire pour tout connaître des prostituées sous l'Occupation.

Son assistante à la chaîne Histoire, Pauline de Préval, mène pour lui des recherches sur les affiches et la propagande vichyssoise ainsi que la production cinématographique de l'époque. Quelle émulation entre eux chaque fois qu'ils dénichent des pépites !

L'essentiel de sa documentation, Patrick Buisson l'a pourtant accumulé avant même ces dix ans de recherches. Le sexe sous l'Occupation, c'est une idée fixe depuis longtemps : davantage qu'une obsession d'historien, une marotte personnelle. Charles Pasqua, un de ses informateurs durant les années *Minute*, lui a ouvert les archives de la police lorsque, en 1993 et en 1995, il était ministre de l'Intérieur. Il s'est plongé avec délice dans les cartons de la brigade mondaine. Il a traîné ses guêtres, tôt le matin, sur les marchés aux vieux livres, surfé des nuits entières sur le Net pour traquer une édition oubliée ou un manuscrit confidentiel, chiné des incunables chez les bouquinistes, AbeBooks ou PriceMinister. Les *Années érotiques* ? Son livre le plus intime, le mausolée de tous ses combats.

Ses proches, qui connaissent son goût pour les chansons légères de la guerre, dont il connaît les couplets par cœur, ne sont guère étonnés lorsque paraît l'ouvrage. Ils savent avec quelle passion il suivait tous les rebondissements de l'affaire du Carlton où se débattait Dominique Strauss-Kahn. En confidence, il se vantait d'être informé par des sources proches du dossier et racontait avec délectation des détails des parties fines auxquelles le patron du FMI avait participé.

Les anciens de *Minute* se rappellent aussi combien il frétillait devant le grand déballage de Pierrette Le Pen, à la fin des années 1980, lorsqu'elle avait posé en tenue de soubrette dans *Playboy* pour se venger de son ex-mari. Buisson avait alors défendu Jean-François Kahn qui déroulait dans *L'Événement du jeudi* ce feuilleton croustillant.

« De la bandaison à la débandade », « Sus à la "cinquième colonne vénérienne" », « Pétain, phallus national », « Un nid de tantes », « Jouir ou souffrir, il faut choisir ». En feuilletant les *Années érotiques*, ceux qui le connaissent moins restent en revanche sidérés.

« Moi qui le prenais pour un clergyman ! » s'amuse Jean-Marie Le Pen en parcourant le premier tome de l'ouvrage. Le président de la République, qui le pratique assidûment depuis deux ans, n'est pas le moins étonné : « J'ai pas lu le livre de Patrick, mais il est bizarre, non ? » Encore n'a-t-il pas eu sous les yeux l'album photo qui suit de près la parution de cette somme sans illustrations. Patrick Buisson, si sévère et si strict dans ses polos et chemises noirs fermés jusqu'au dernier bouton, se révèle tout à coup sous un jour inattendu.

Le conseiller abhorre Freud, Lacan et leur psychanalyse, « ce truc de Juifs », répétait-il à son fils Georges. Avec quelle application, en revanche, il donne à voir ses obsessions et ses complexes sous couvert d'histoire ! Le premier tome s'ouvre sur une chanson de Fréhel, chanteuse ménestrel du Paris anarchiste : « Tel qu'il est, il me plaît/ Il me fait de l'effet/ Et je l'aime/ C'est un vrai gringalet/ Aussi laid qu'un basset/ Mais je l'aime. [...] Ce qui n'est pas marrant, c'est qu'il ronfle/ On dirait un pneu qui se dégonfle/ Et quand il faut se bagarrer/ Il est encore dégonflé. » L'historien a-t-il choisi cette chanson pour sa description des disgrâces d'un homme ?

Patrick Buisson brasse bordels, cuir, putains et bas résille pour évoquer les deux femmes qu'il vénère. Sa mère d'abord, qui a « traversé ce monde ancien la tête haute ».

Drôle de lieu pour rendre hommage à cette femme, très catholique, qui éleva trois garçons à l'ombre de l'église Saint-Ferdinand-des-Ternes sans jamais quitter le quartier. Besoin sans doute de dire que sa maman, qui a accouché en 1943 d'un fils aîné, Jean-Pierre, n'est pas de celles qui se sont laissé séduire par les Allemands.

Pauline de Préval aussi a droit à son compliment. La jeune femme, qu'il retrouve chaque matin à LCI, apparaît, elle, dans les remerciements. La dédicace sonne comme un ex-voto de marbre blanc, plein de sous-entendus et d'ambiguïtés : « À Pauline de Préval, vestale héroïque de ces *Années érotiques* dont elle a su entretenir la flamme par gros temps, écrit Buisson. Ce livre doit beaucoup à ses travaux de recherche, à nos interminables conversations et davantage encore à son mauvais esprit curieux de tout et du reste. »

Mauvais esprit… Curieuse du reste… En découvrant cette phrase cadenassée dans des allusions et des doubles sens, les collaborateurs de TF1 n'en croient pas leurs yeux.

Qui se risquerait à interroger Buisson sur sa vie sentimentale ? Personne. Dans ses conversations avec ceux qui l'entourent, il ne fait jamais aucune allusion à sa vie amoureuse. Pas un mot sur son ex-épouse, Christine, la mère de son fils, évacuée de sa vie après son divorce. On l'aperçoit parfois en voiture avec des dames qui le conduisent quand lui reste le passager, mais, sur ce sujet plus encore que sur les autres, chacun se tait. Quand il parle des femmes, c'est le plus souvent pour dire que l'une est « stupide », l'autre « moche ».

Seules deux statues trouvent grâce à ses yeux : sa mère, *ad vitam æternam*, et, jusqu'en 2013, son assistante. Madeleine et Pauline. Deux femmes qui ne se sont jamais risquées dans le monde viril de la politique, un terrain de jeux où la séduction doit, pour Patrick Buisson, rester l'apanage des mâles. Il faut voir comme il déteste Carla Bruni et Nathalie Kosciusko-Morizet, deux créatures jeunes, belles et sûres d'elles-mêmes, deux incarnations de la « boboïtude » aussi, cette posture qui résume à peu près tout ce que Buisson exècre. Deux femmes capables, surtout, de rivaliser avec lui dans le cœur du prince.

Il a tout fait pour empêcher NKM de devenir porte-parole, pendant la campagne de 2012, puis a tenté de la priver de la candidature à la mairie de Paris, deux ans plus tard. Avec des arguments qui, devant les journalistes, n'avaient souvent rien de politique. En privé, Buisson accuse l'ancienne ministre de l'Environnement de jouer de ses charmes et de ses cheveux flamboyants. Trop sexy pour être honnête, en somme. Et dans quelle rage il se perd le jour où il apprend que, en retour, elle le traite de « Gestapette » ! Gestapette, le surnom qu'on donnait à Vichy au ministre de l'Éducation nationale Abel Bonnard, rappelle-t-il dans ses *Années érotiques*. Le protégé de Laval et de Darlan. Un homosexuel, aussi, ce qui foudroie Buisson. « Quand même, j'ai un fils, j'ai été marié ! » s'indigne-t-il.

Longtemps, il a gardé pour lui ses préventions contre Carla Bruni. Il a même dîné à sa table, se prêtant au jeu de la bise – « Je peux, moi aussi ? » –, lui qui déteste les familiarités. Dès qu'il l'a vue arriver au bras de Nicolas Sarkozy, à l'automne 2007, il a pourtant flairé le danger. Un proche du chef de l'État se souvient l'avoir vu devenir « blanc comme un navet », tétanisé par l'apparition de cet ex-mannequin à la fois moqueur et bien-pensant – inquiet aussi qu'elle puisse vouloir sa peau. « Elle va me faire jeter, répète-t-il à Pierre Charon, qui est encore à l'Élysée. Elle ne supportera pas qu'un ancien de *Minute* conseille son futur mari. »

Pouvait-il imaginer pire cauchemar ? Carla, millionnaire fumeuse de pétards, femme aux cent amants qu'elle chante et épingle comme des papillons dans ses chansons, est une sentimentale qui place l'amour avant toute chose – et distrait « Nicolas ». « C'est dur, sa présence », soupire-t-il devant Jean-Michel Goudard, après une réunion à la Lanterne où est intervenue la femme du président.

Bien avant qu'il ne fixe sa haine sur elle, tout était déjà dit dans les *Années érotiques* : la femme est hystérique, aguicheuse, intéressée, ensorceleuse.

Mais c'est dans un autre ouvrage, écrit dix ans auparavant, qu'il faut aller chercher le vrai Buisson. Le livre s'appelle *Sacha Guitry et ses femmes*. Derrière le portrait d'un dramaturge et d'un anarchiste, d'un artiste et d'un monstre, se devine déjà ce que le conseiller pense des femmes.

C'est son père vénéré, Georges, qui, un dimanche d'hiver 1955, lui fit découvrir « l'enchantement guitryque ». Guitry, ce double fantasmé qui est parvenu, lui, à être heureux. Guitry dont la comédienne Anthéa Sogno, devenue l'amie de Patrick Buisson, met l'univers en scène dans des spectacles auxquels il se précipite. Guitry qui rédige durant la guerre un livre de propagande, *De Jeanne d'Arc à Philippe Pétain*. Guitry emprisonné une quarantaine de jours à la Libération. Guitry qui détestait la manière académique et ennuyeuse dont la Sorbonne et les « hussards noirs » de la République enseignaient l'histoire. « Les omissions ou les erreurs – tout comme les anachronismes –, on s'en fiche bien quand c'est le cœur qui les commet », fait-il dire à Bourvil dans la dernière scène de *Si Versailles m'était conté*.

Guitry le misogyne, aussi. Les relations que l'homme de théâtre entretient avec les femmes concentrent toute l'attention de Buisson. Guitry collectionneur de maîtresses, cinq fois marié, et dont la rumeur dit qu'il aime en secret les garçons ? L'auteur se délecte des aphorismes fameux de « Sacha » sur la gent féminine. « Si la femme était bonne, Dieu en aurait une » : le biographe a placé cette citation en exergue de son ouvrage. On ne saurait mieux donner le ton des pages qui suivent.

Chez Guitry, la femme est calculatrice, impure, obsédée par le sexe : « Quand une femme du monde dit non, cela veut dire peut-être ; quand elle dit peut-être, cela veut dire oui ; quand elle dit oui, alors ce n'est pas une femme du monde. » Elle est vénale, aussi : « Il ne faut pas attendre que certaines femmes vous demandent de l'argent. Il faut leur en donner tout de suite, ça les remet à leur place. » Patrick

Buisson a aussi choisi ce verdict sans appel : « Il y a celles qui vous disent qu'elles ne sont pas à vendre, et qui n'accepteraient pas un centime de vous. Ce sont généralement celles-là qui vous ruinent. »

« Pourquoi n'aimerions-nous pas les femmes pour ce qu'elles font le mieux : mentir ? » Le florilège n'a pas de fin. « Je conviendrais volontiers qu'elles sont supérieures rien que pour les dissuader de se croire nos égales. » Et quand bien même on tomberait amoureux, « patience ! Elles finissent toujours par nous faire une chose qui nous empêche d'avoir de l'estime pour elles », dit encore Guitry, cité par Buisson. À la fin de sa vie, le dramaturge livre cette maxime qui emballe le conseiller : « Un vieillard devrait avoir trois femmes : la sienne, une du claque, et une jeune fille qu'il ne toucherait pas. » Une « vestale » comme la blonde Pauline de Préval ?

Jean-Baptiste de Froment ne connaît pas le « Sacha » de Buisson. Les *Années érotiques* lui suffisent. Il s'étonne d'en lire, dans la presse, d'élogieuses critiques, à l'exception notable du *Monde*, de *Télérama* – « Mille pages d'érudition misogyne et d'érotisme hitléro-cuir » –, ou de la revue *L'Histoire*, qui s'étonne de voir l'uniforme allemand, lequel faisait si peur en 1940, transformé en objet « *nazi-porn* ».

Le mot de Claude Guéant achève de convaincre Jean-Baptiste de Froment que le cas de cet ouvrage le dépasse. Le conseiller prend donc une feuille, sa plume, et finit par rédiger un petit compliment pour le livre, qu'il signe tout simplement « Nicolas ».

14

Les désaccords d'Évian

C'est quand tout va mal que les hommes se révèlent. Quand le péril guette que surgissent les idées les plus insensées. En ce printemps 2012, Nicolas Sarkozy reste distancé dans les enquêtes d'opinion par François Hollande. Il a comblé une partie de son retard, mais il lui faut pousser son avantage. Nicolas Sarkozy battu, c'est pour Patrick Buisson un monde qui s'effondre et une carrière qui bascule. Une manne financière qui s'assèche, aussi.

Pour arracher une victoire de plus en plus improbable, le conseiller élyséen doit trouver une proposition iconoclaste qui séduise cet électorat populaire, lequel risque fort de manquer au candidat de l'UMP. Une annonce choc, donc, que Patrick Buisson, obsédé par le rejet de l'immigration, la montée de l'islamisme radical et ce qu'il appelle « l'Europe passoire », mûrit derrière les vitres de son bureau de la chaîne Histoire.

Qui peut imaginer que, en 2012, Nicolas Sarkozy a failli proposer de dénoncer les accords d'Évian qui ont mis fin à la guerre d'Algérie ? C'est l'idée qui a germé à quelques semaines du premier tour, dans le cerveau du conseiller. Pour ce pourfendeur de la décolonisation, qui a consacré tant de livres et de films à cette période et a grandi dans la haine d'un général de Gaulle bradeur d'empire, la solution est à chercher dans le passé colonial de la France. Une proposition osée, qui fera à coup sûr hurler les bien-pensants, mais qui, il en est convaincu, peut permettre une victoire à l'arraché.

Son idée ? Revenir sur la disposition qui prévoit que « les ressortissants algériens résidant en France, et notamment les travailleurs, auront les mêmes droits que les nationaux français, à l'exception des droits politiques ». Cette mesure permettant aux Algériens d'aller et venir librement entre les deux pays a provoqué dans les années 1960 et 1970 un important mouvement migratoire vers la France. Ce régime privilégié a été revu à plusieurs reprises dans un sens plus restrictif, rapprochant les Algériens de la loi générale. Reste qu'ils peuvent encore obtenir un titre de séjour spécifique, le « certificat de résidence », qui permet de demeurer plus longtemps en France à condition de justifier d'une présence régulière sur le territoire, d'un emploi stable et de ressources suffisantes. C'est à ce « régime de faveur » que Patrick Buisson veut s'attaquer.

Seuls Jean-Michel Goudard et Camille Pascal, le protégé de Buisson, sont mis dans la confidence. Le trio ourdit le plan d'attaque. Patrick Buisson lâche sa proposition au président. Il répète qu'il ne faut pas laisser filer l'électorat populaire dans l'escarcelle de Marine Le Pen, et donc répondre à une des principales préoccupations des Français : l'immigration. Il tire de sa manche un sondage qu'il interprète à sa manière, en expliquant au candidat qu'il ne s'agit pas de stigmatiser les Algériens, mais de placer tous les candidats à l'immigration sur un pied d'égalité en mettant fin aux statuts particuliers.

Comme décidé, l'agrégé d'histoire Camille Pascal enchaîne en habillant l'argumentaire politique de Buisson d'une analyse historique : « Nous avons une occasion unique de dénoncer les accords d'Évian, attaque-t-il, puisque nous célébrons leur 50e anniversaire cette année. Il y a une logique à dire : "Nous avons occupé l'Algérie pendant plus d'un siècle, nous l'avons accompagnée pendant cinquante ans, aujourd'hui les comptes sont soldés, il faut mettre fin aux traitements particuliers et réintégrer l'Algérie dans un régime commun des règles migratoires." »

Le scénario se déroule exactement comme prévu. Un temps déconcerté, le candidat finit par se laisser convaincre. Il annonce qu'il mettra cette proposition sur la table le 26 avril, lors de l'émission de France 2 « Des paroles et des actes », où il est convié avec son rival François Hollande. Buisson exulte. Cette fois, Nicolas Sarkozy a promis qu'il irait jusqu'au bout et sa proposition va faire l'effet d'une tornade.

Tout au long de l'émission, le conseiller occulte guette la déclaration fracassante. Les minutes passent. Et rien ne vient. « Je ne l'ai pas sentie », se contentera de commenter le président-candidat lors du « débriefing » organisé après coup avec son équipe. Buisson est furieux, mais ne laisse rien paraître. C'est en privé qu'il laisse filer sa rancœur. Décidément, ce « nabot » n'a « aucun courage ».

« C'est comme ça, on ne fait pas boire un âne qui n'a pas soif. » Patrick Buisson aurait pu faire gagner une nouvelle fois Nicolas Sarkozy, il en est persuadé, et le répète avec vigueur à tous ceux qui l'entourent. Si seulement les apôtres de la « droite châtrée » ne lui coupaient pas sans cesse les jarrets ! Si seulement la gauche bobo et Carla Bruni n'ébranlaient pas le président dans les moments décisifs ! Si seulement il l'avait davantage écouté. Si seulement le candidat lui-même y avait un peu cru…

Elle est là, selon lui, la première cause de l'échec de 2012 : « Nicolas n'avait pas envie d'y aller, il a fallu le pousser, le jeter au feu. » Le président a beaucoup changé depuis 2007, estime Buisson. Le goût de la bagarre l'a quitté. Il est devenu père pour la quatrième fois d'une petite Giulia qu'il adore. Heurtée de plein fouet par la violence du monde politique, Carla, qui n'était habituée qu'à la presse culturelle ou people, a intelligemment déserté l'Élysée. Elle n'aspire qu'à recouvrer sa tranquillité, loin des coups bas de la vie publique. « Nicolas » ne dit-il pas lui-même qu'il veut désormais « gagner du fric » ?

Il y a pire. Buisson a lu les confidences de Nicolas Sarkozy lors d'un dîner en Guyane, le 21 janvier, quelques jours avant qu'il n'entre officiellement en campagne. Le candidat n'est pas encore en lice pour sa réélection qu'il imagine déjà sa vie après la défaite. « Vous n'entendrez plus parler de moi », jure-t-il, avant de rêver d'une nouvelle jeunesse : « Je me sens comme si j'avais vingt-deux ans. On peut voyager trois semaines, je peux faire avocat, prendre des responsabilités, commencer mes semaines le mardi matin et les finir le jeudi soir, je vois ça très bien. » Un moral de perdant, déplore le gérant de Publifact.

Nicolas Sarkozy tergiverse, repoussant sans cesse la date de son entrée en campagne. Mais, dans les sondages, il accuse un tel retard que, bientôt, il n'a plus le choix. Le parfum de la débâcle n'incite pas au courage. La plupart des ministres se font discrets, quand ils ne prennent pas de plus en plus de distance avec lui, distillant en catimini de jolies vacheries aux journalistes. Personne ne mise sur un succès : le candidat prévoit d'ailleurs de n'organiser que quatre à six grands meetings, autant dire le service minimum. « C'est simple : il n'y avait que moi qui y croyais », se désolera Buisson après la défaite.

Qu'elle semble loin, l'ambiance de 2007, avec cette équipe soudée et galvanisée qu'on appelait « la firme », tendue vers le but commun de la victoire ! Nicolas Sarkozy a déçu jusque dans ses rangs. Et lorsque l'envie de gagner n'est plus là, rivalités et jalousies ressuscitent presque toujours.

Autour de la table du salon vert, les modérés s'organisent face au trio formé par Buisson, Jean-Michel Goudard et Camille Pascal. Nathalie Kosciusko-Morizet rejoint la fronde. « Choisis-moi, je serai ta Marianne ! » a plaidé auprès de Nicolas Sarkozy la députée de l'Essonne, qui rêve de devenir porte-parole de la campagne. « C'est une très mauvaise idée », répète de son côté Buisson au président. L'ancienne ministre de l'Environnement incarne la droite branchée, bourgeoise, anti-Front national, écolo, et s'entend bien avec Carla : bref, un repoussoir, pour un homme comme lui. Ses réserves sont vaines. Nathalie Kosciusko-Morizet est nommée et rejoint le cercle restreint du salon vert – un camouflet pour le conseiller de l'ombre.

Buisson ne baisse pas les bras. Si la porte-parole ne lui convient pas, il veut au moins imposer sa ligne. Plus encore qu'en 2007, il est persuadé que la bataille se gagnera à droite. Nicolas Sarkozy hésite. Jusqu'au mois de janvier, il se laisse convaincre par Pierre Giacometti de mettre en avant ses succès internationaux et son habileté à limiter les effets du krach financier de 2008. Convergence avec l'Allemagne, TVA sociale, les thèmes sont rodés par ses soutiens. Il faut marteler aux Français que, s'il n'avait pas été là, la France aurait plongé dans la crise comme la Grèce ou l'Espagne.

Dans son coin, Buisson se moque de cette campagne « triple A » – en référence aux notes accordées par les agences de notation pour la bonne gestion du pays. « Ça ne fabrique pas du vote », peste-t-il. Jour après jour, il répète que la seule solution pour regagner l'électorat frontiste est de marteler les fameux thèmes régaliens : autorité, immigration, lutte contre l'assistanat. Il est aidé en cela par Emmanuelle Mignon, cette jeune major de l'ENA qui a rejoint le cabinet de Nicolas Sarkozy en 2002, place Beauvau, puis l'a suivi jusqu'à l'Élysée.

Cette catholique conservatrice a quitté le Château en décembre 2009 pour retourner au Conseil d'État. Ses relations avec Claude Guéant étaient devenues exécrables. Elle reste toutefois fidèle au président. Lorsqu'il lui demande de rejoindre son équipe de campagne, début 2012, cette femme discrète n'hésite pas. Patrick Buisson, de son côté, comprend qu'il va pouvoir compter sur une alliée de choix. Ensemble, ils pourront mettre à mal l'influence des autres conseillers de Nicolas Sarkozy.

Une scène témoigne de la confiance et de l'intérêt qu'il lui porte. Emmanuelle Mignon fait mine de ne plus s'en souvenir aujourd'hui, mais elle était l'une des rares invitées de Patrick Buisson, en ce début janvier 2012, à la nonciature, avenue du Président-Wilson, lorsque Mgr l'archevêque Luigi Ventura a décoré le patron de la chaîne Histoire de l'ordre de Saint-Grégoire-le-Grand.

Patrick Buisson a fait croire à Pauline de Préval comme à ses complices du *Fig'Mag* qu'il avait reçu cette décoration à Rome, le week-end précédent. C'est à Paris, sans journalistes ni témoins, à la demande du nonce apostolique à Paris, qu'il a été honoré. Patrick Buisson n'a même pas invité son cher Camille Pascal, qui avait reçu lui aussi, lorsqu'il était au CSA, cette distinction réservée aux laïcs « pour services rendus à l'Église catholique ». Sur la médaille de Patrick Buisson, ces quelques mots, que seule Emmanuelle Mignon aperçoit : « Pour Dieu et le Prince ».

Tous deux s'attellent à la grande interview qui marque l'entrée dans la campagne présidentielle, promise le 10 février au *Figaro Magazine*. Elle est titrée « Mes valeurs pour la France ». La version publiée a été édulcorée, mais elle reste très « droitière ». Le candidat se place à nouveau clairement dans le champ conservateur, s'opposant au mariage homosexuel et à l'euthanasie, rappelant une nouvelle fois les « racines chrétiennes » de la France, envisageant enfin un référendum sur l'indemnisation des chômeurs et sur l'immigration.

Le référendum, une des grandes obsessions de Patrick Buisson. Pendant toute la durée du quinquennat, il n'a cessé de « vendre » l'idée au président. Le peuple a besoin qu'on sache qu'on écoute sa voix, et pas seulement celle des élites.

Nicolas Sarkozy est réticent : il se souvient trop bien des déboires de Charles de Gaulle en 1969, contraint de quitter le pouvoir après s'être fait désavouer par les Français. Il juge l'appel direct au peuple hautement dangereux. En panne de nouvelles propositions, il finit toutefois par céder à son conseiller. Buisson reprend espoir.

La bataille reste longue. Et les fronts multiples. Patrick Buisson lutte pour garder une place centrale dans le dispositif – tout en restant dans l'ombre. Il enrage lorsqu'il apprend en 2011 que l'Élysée a confié la gestion des enquêtes d'opinion, son domaine réservé, au jeune Jean-Baptiste de Froment. « Il le drogue aux sondages », se plaignent d'ailleurs les autres conseillers, qui notent que Buisson a l'art d'isoler les chiffres qui lui permettent d'appuyer les thèmes et idées qu'il souhaite imposer dans la campagne.

Buisson convoque donc Froment dans une brasserie proche de TF1 avec Julien Vaulpré, qui a repris du service pour le candidat Sarkozy. Tour à tour charmeur et menaçant, il insiste sur la nécessité de « partager les infos » et exige clairement qu'aucune commande de sondage ne soit passée dans son dos. Quant aux résultats, il faudra les lui transmettre avant tout le monde.

Le pouvoir, c'est savoir. Patrick Buisson a toujours exigé de ses amis sondeurs la primeur de leurs résultats. Lorsqu'il en prend connaissance après d'autres, il décroche son téléphone et se plaint sans ménagement. Quand le candidat dévisse, il laisse à d'autres le soin d'annoncer la mauvaise nouvelle au président. Mais, si les chiffres sont encourageants, il doit être le premier à prévenir Nicolas Sarkozy. En fin stratège, Buisson sait que les princes réservent toujours une place de choix aux bons augures.

Plus la campagne avance, plus le risque de perdre se profile, moins le conseiller masque ses signes d'agacement. Nathalie Kosciusko-Morizet l'insupporte. Mais avec Henri Guaino aussi, il y a de l'électricité dans l'air. Buisson ne cesse de répéter que la montée de l'islam est devenue la préoccupation majeure des Français. Il se moque tout haut de Marine Le Pen, qui se trompe, dit-il, en portant le fer sur le terrain de l'économique et du social. Guaino explose : « Je veux bien que l'on parle des racines chrétiennes de la France, mais pas à chaque ligne ! Ça commence à bien faire. »

Chaque formule, chaque discours fait l'objet d'une véritable guerre de tranchées. Pour Buisson, le candidat ne va jamais assez loin. Le rassemblement du Trocadéro, qui doit se tenir le 1er mai, est l'occasion d'une passe d'armes mémorable. Henri Guaino a été chargé d'écrire le discours du candidat. Le matin, une séance de relecture est organisée autour de Nicolas Sarkozy. Il a l'habitude de lire ses discours à haute voix. « Vous en pensez quoi ? » demande le président à la poignée de conseillers qui l'entourent. « C'est plat », cingle Buisson. « Ça veut dire quoi, c'est plat ? éructe Guaino. Qu'il faut faire de l'immigration du début à la fin ? Si le but est de chauffer à blanc 15 000 personnes dans la rue, ça sera sans moi ! »

« Mes chers compatriotes »… La patte de Buisson se retrouve encore dans la lettre de Nicolas Sarkozy au peuple français diffusée en avril 2012. Il y a travaillé avec Emmanuelle Mignon. Au menu : beaucoup d'immigration, la « tragédie » Mohammed Merah, cet assassin qui a massacré des enfants d'une école juive de Toulouse au nom d'Allah et qui obsède encore les esprits. Un « mini-11-Septembre », assène le conseiller. Buisson impose de placer les considérations économiques – celles que personne ne lit – dix pages plus loin dans la brochure. Comme il parvient à glisser dans un clip de campagne un panneau sur lequel « douane » est écrit en arabe.

Même Carla Bruni l'appelle au secours. Elle s'inquiète de voir son mari se décourager, supplie « Patrick » de doper son moral. Buisson prend tous les risques, y compris celui de se tromper lourdement, pour encourager son poulain. Dans un entretien au *Monde*, le 14 mars, il explique que François Hollande va perdre son duel présidentiel. Pire, il n'égalera même pas le score de Ségolène Royal en 2007. « Je ne fais pas de politique, je fais du soutien psychologique », maugrée le patron de la chaîne Histoire.

Sa dernière victoire, il l'obtient avec la profession de foi que le candidat envoie aux Français, juste avant le vote. C'est encore Emmanuelle Mignon qui est chargée de sa rédaction. Elle égrène les principaux thèmes de la campagne, rappelle l'hostilité du candidat de la droite au mariage gay, au vote des étrangers aux élections locales, ou encore à l'euthanasie. Elle glisse aussi quelques paragraphes sur la crise, la dette, le chômage et les relations internationales. « Inutile ! » tranche Buisson. D'un trait de plume, il raye toutes les références économiques ou presque. Tant de lignes biffées, que le maquettiste chargé de mettre en page le document est contraint de grossir en corps 18 la profession de foi rédigée par l'« intellectuel » du président.

15

« Méluche »

« J'en suis sûr. Je suis écouté. » La voix de Jean-Luc Mélenchon a blanchi. Près de lui, à quelques mètres, un collaborateur voit des gouttes perler sur son front. Le candidat du Front de gauche à la présidentielle vient de raccrocher après quelques mots murmurés au téléphone, mais la conversation semble l'avoir plongé dans une angoisse irraisonnée. Comme si le seul fait de s'être entretenu avec ce mystérieux correspondant avait suffi à le plonger dans cet étrange accès de fébrilité.

L'homme auquel il vient de parler n'était porteur d'aucune mauvaise nouvelle. Au contraire. Jean-Luc Mélenchon croit encore qu'il peut se hisser au second tour de la présidentielle, le 6 mai 2012. Son message suscite l'intérêt du « peuple de gauche », ses « meetings de rue » attirent les foules et les médias. Mélenchon se veut le candidat antisystème. Il est seul à défendre les immigrés, de nombreux Français le croient incapable de double discours et de compromission, y compris amicale. Qui soupçonnerait que, il y a moins de quatre ans, en 2008, il fêtait en compagnie d'Isabelle Balkany ou de futurs compagnons du Front national, comme le souverainiste Paul-Marie Coûteaux, les cinquante ans du polémiste Éric Zemmour dans le château de Joséphine de Beauharnais, à la Petite Malmaison ?

Jean-Luc Mélenchon vit un rêve. Sa candidature apparaît, pour une bonne partie de la gauche, comme une alternative à celle, trop libérale, de François Hollande. « Capitaine de pédalo », c'est le surnom qu'il a donné au candidat officiel des socialistes, qu'il méprise au plus haut point. Il est un des derniers grands orateurs de l'époque. Il veut encore croire que tout est possible : ne faire qu'une bouchée de Marine Le Pen, doubler Hollande, affronter Nicolas Sarkozy dans un face-à-face viril et salvateur. Il ne faudrait pas tout gâcher maintenant, alors que la victoire est à portée de main, risquer l'implosion pour une amitié inavouable.

L'homme avec lequel Jean-Luc Mélenchon était en ligne n'est autre que Patrick Buisson. L'âme damnée de Nicolas Sarkozy et de la droite la plus réactionnaire, un « facho », comme on appelle à gauche les gens de son pedigree. Pour les communistes, qui voient en l'ancien socialiste l'occasion d'enrayer leur chute abyssale dans les urnes, Buisson est un dangereux, un Raspoutine. Que leur candidat, Jean-Luc Mélenchon, puisse s'entretenir avec lui est simplement inimaginable.

L'alliance avec les communistes relève davantage de l'intérêt bien compris que d'un coup de foudre. Mélenchon a l'immense mérite de replacer un parti en bout de course sur le devant de la scène et de renouer avec un électorat qui s'était réfugié dans l'abstention, quand il ne s'était pas laissé tenter par le discours ouvriériste et antimondialiste de Marine Le Pen. Dans la rue, les derniers militants communistes sentent un vent frais souffler à nouveau. Sur les marchés, les badauds cessent de refuser leurs tracts. De son côté, Jean-Luc Mélenchon a aussi besoin d'eux. Sans les bataillons de militants du parti, sans son organisation, ses relais syndicaux, son financement public, sans son réseau d'élus locaux, le candidat serait un homme seul.

Aux Lilas, où est installé le quartier général du candidat, l'ambiance, malgré les bons sondages, est souvent électrique. Certains « camarades » se sentent mis à l'écart des décisions stratégiques. Ils ont du mal à composer avec le caractère volcanique d'un candidat solitaire et si prompt aux excès de langage. Ils ne sont pas tous d'accord avec ses critiques virulentes de la presse et ses piques permanentes contre les socialistes, partenaires des communistes dans de nombreuses collectivités depuis des années.

Buisson et Mélenchon se sont rencontrés au début de l'année 1993. Un jeune journaliste de *Valeurs actuelles*, Éric Branca, a décidé de s'atteler à une biographie de Philippe de Villiers. Patrick Buisson rejoint le projet en cours de route. Il donne au livre du souffle, du lyrisme, de la flamme.

Pour clore l'ouvrage, les deux auteurs demandent à quatre « hérétiques » qui « ne supportent ni les carcans ni les contraintes » de donner leur avis sur le vicomte vendéen. Buisson a choisi Raoul Girardet, Marie-France Garaud, Bernard Debré et Jean-Luc Mélenchon. La réflexion de ce philosophe de formation qui, à quarante et un ans, anime avec Julien Dray l'aile gauche du PS, sonne agréablement à ses oreilles. « Mélenchon est l'un des derniers socialistes à se référer à une grille d'interprétation marxiste de l'économie et de la société, écrit Buisson après avoir reçu le texte du socialiste. Paradoxalement, ce n'est ni un brasseur de vulgate ni un adepte de la langue de bois. » Il est conquis. « Il faut absolument que tu me le présentes », demande-t-il à Branca. Le début d'un long dialogue et d'une amitié.

Pour mettre de l'ambiance sur ses plateaux de LCI, Patrick Buisson a immédiatement pensé à ce nouveau complice. Il est ce que, dans le jargon audiovisuel, on appelle un « bon client ». Voix qui porte, sens de la formule qui fait mouche, tour à tour drôle et assassin, ennemi de la langue de bois et ami des propos au lance-flammes. Une tronche, aussi, un râleur, un sanguin, qui n'hésite pas à porter des coups et à tordre les concepts. Les téléspectateurs se régalent. Mille fois plus stimulant qu'une conversation avec un chef de file de la droite « émasculée », comme l'appelle Buisson.

Jean-Luc Mélenchon devient un invité récurrent des débats de « Politiquement show ». En plateau, leur duo fait des étincelles. Malgré leur opposition radicale sur quelques questions fondamentales, comme l'immigration, ils appartiennent à la même race de combattants auxquels les coups portés ne font que renforcer convictions et carapace. Entre guerriers, ils se comprennent. Chacun reconnaît en l'autre le chef de la tribu rivale. Ils sont révolutionnaires chacun à leur façon.

Qui comprend mieux un marxiste qu'un ancien « facho », un ancien trotskiste qu'un ancien de *Minute* ? Un siècle de culture politique les lie. Ils connaissent les mêmes chansons, celles des rouges et celles des bruns. Mélenchon n'ignore rien de l'histoire de l'extrême droite. Il a lu les penseurs antirépublicains, sait reconnaître les bosquets où se cache l'anti-France et la contre-Révolution. Buisson apprécie la culture politique de cet ancien de l'OCI. Lui-même s'est passionné pour l'extrême gauche et sa geste. Combattre l'adversaire passe toujours par la connaissance intime de ses groupuscules, de ses scissions et de ses soubresauts.

Leur ennemi au fond est le même : la social-démocratie. Le duo pense que ce sont les électeurs des classes populaires, ceux que droite et gauche délaissent par « prolophobie », comme dit Buisson, bref, cette « France du travail » tentée par l'abstention, qu'il faut séduire. Tous deux partagent une même vision « gramscienne » de la politique : le combat doit d'abord se mener sur le terrain culturel, meilleure manière de soustraire les classes populaires à l'idéologie dominante et de conquérir le pouvoir.

Le Club de l'Horloge et la Nouvelle Droite, celle que fréquente Buisson dans la revue *Item*, avaient déjà tenté, dans les années 1970, de ressusciter Antonio Gramsci, ce communiste italien incarcéré dans les geôles fascistes au début des années 1930. Par la grâce de Patrick Buisson, il redevient à la mode sous Nicolas Sarkozy.

Au printemps 2007, à quelques jours du premier tour, les lecteurs du *Figaro* découvrent qu'il est devenu la nouvelle référence d'un candidat Sarkozy soucieux de « liquider l'héritage de Mai 68 » et de ressusciter la « valeur travail ». « Au fond, j'ai fait mienne l'analyse de Gramsci : le pouvoir se gagne par les idées. C'est la première fois qu'un homme de droite assume cette bataille-là, explique-t-il. Depuis 2002, j'ai donc engagé un combat pour la maîtrise du débat d'idées. » Cette référence au théoricien marxiste a laissé ses amis de droite sans voix. Jean-Luc Mélenchon, lui, a apprécié l'audace à sa juste mesure.

Les discussions entre Patrick Buisson et Jean-Luc Mélenchon se prolongent après les émissions de LCI, sous les disques de coton imbibés de lait démaquillant des loges, puis à l'occasion de déjeuners. Lors de la remise de la Légion d'honneur à Patrick Buisson par Nicolas Sarkozy, le 24 septembre 2007, Jean-Luc Mélenchon et Jean-Christophe Cambadélis, autre lambertiste, autre complice de « Politiquement show », sont conviés à l'Élysée. Et s'y mêlent aux journalistes du *Figaro*, de *Valeurs actuelles* et même à un ancien complice de *Minute*. « Une gourmandise », évacuera en février 2015 le porte-parole de la gauche de la gauche sur le « Divan » de Marc-Olivier Fogiel pour justifier sa présence.

Comme si Buisson n'était qu'une vague connaissance.

Depuis ce sacre, Mélenchon a pourtant pris l'habitude de consulter son nouvel ami avant chaque décision stratégique. Buisson met avec plaisir sa science des sondages à son service. Il est de ceux qui l'encouragent à quitter le Parti socialiste en 2008. Les Français ne croient plus aux vieux partis, ces regroupements d'élus coupés de la base et de ses préoccupations, qui ne servent plus qu'à préserver places, postes et intérêts. « Toi, tu t'adresses au peuple », lui souffle-t-il. Les conseils du collaborateur de Nicolas Sarkozy ne sont évidemment pas désintéressés : tout ce qui peut déstabiliser le Parti socialiste est bon à prendre.

Lorsque l'ami Jean-Luc se décide à concourir à la présidentielle, son conseiller occulte le convainc, chiffres à l'appui, qu'il a un espace à conquérir à gauche du PS. Une alliance subliminale se scelle alors entre les deux hommes. Le président sortant cite son nom – la meilleure façon de le faire exister – et vante publiquement son tonus et son tempérament. De son côté, Mélenchon réserve ses flèches les plus venimeuses à François Hollande et à Marine Le Pen, qui menace de prendre des voix au candidat UMP. Il critique le quinquennat du sortant, mais sans s'en prendre personnellement à Nicolas Sarkozy – un « chef de guerre », salue-t-il d'ailleurs.

Lors des réunions du salon vert à l'Élysée, Patrick Buisson laisse parfois imprudemment filer quelques allusions sur sa proximité avec son ami de gauche : « Mélenchon, je sais ce qu'il va dire », lâche-t-il un jour. Et une autre fois : « Mélenchon, je m'en occupe. » Mais personne ne relève. Au quartier général du sénateur de l'Essonne, nul ne se doute non plus que les deux hommes se connaissent bien. L'alerte vient de l'extérieur, en cette fin de campagne. Le 12 avril 2012, *Le Nouvel Observateur* rapporte que Nicolas Sarkozy surnomme son supposé ennemi du Front de gauche « Méluche ». Émoi – démesuré – dans l'équipe de campagne de Mélenchon. Elle avait déjà noté avec inquiétude que, le 14 mars, dans une interview au *Monde*, Patrick Buisson avait poussé leur champion de manière un peu trop voyante : « Jean-Luc Mélenchon est en progression, avait insisté le conseiller élyséen. Le candidat de la gauche populiste sera toujours plus crédible qu'une pâle copie social-démocrate dans le registre de la lutte des classes, qui réclame une certaine tonicité. »

Le 16 avril, le candidat du Front de gauche est invité chez Jean-Jacques Bourdin. « Alors, vous êtes ami avec Patrick Buisson ? » attaque le journaliste de RMC. « Nous nous sommes vus sur des plateaux de télévision sur LCI en 2007, répond vivement Mélenchon en brouillant la chronologie. Je ne suis pas ami avec M. Buisson, qu'est-ce que c'est que cette invention ? Et pourquoi vous me parlez de M. Buisson ? Après vous allez me parler de M. Dassault. Vous avez encore beaucoup de ragots comme ça ? Vous croyez que c'est intéressant de savoir si je suis ami de vos mondanités ? »

« Conneries de journalistes », balaie le sénateur devant ses troupes qui s'inquiètent. Il a pourtant pris l'alerte très au sérieux. Le même jour, avant le déjeuner, il tweete la mise au point suivante : « JLM a été invité par Buisson pour la Légion d'honneur, avec Cambadélis, en tant qu'objecteur régulier dans l'émission "Politiquement show". »

Continuer ses échanges avec le conseiller du chef de l'État est impossible. Le leader du Front de gauche est convaincu que son téléphone a été placé sur écoute. Il faut rompre. « Trop dangereux… », décide-t-il en coupant brutalement son portable.

16

Le coup de main de Jean-François Copé

D'ordinaire, c'est lui qui reçoit, dans une brasserie ou dans son bureau de la chaîne Histoire. En cette fin d'année 2009, Patrick Buisson s'est déplacé jusqu'au palais Bourbon. Il passe sous le portique de sécurité et présente une pièce d'identité aux huissiers de l'Assemblée. On consulte le registre. L'homme un brin nerveux qui se tient devant la réception est bien attendu au groupe UMP. « Monsieur Lavrilleux ? Votre visiteur est arrivé. »

C'est une rencontre sans témoins qui se déroule ce jour-là dans les bureaux du groupe UMP de l'Assemblée nationale. Un de ces rendez-vous secrets dont personne, surtout, ne doit avoir écho. Jérôme Lavrilleux, bras droit de Jean-François Copé, devenu célèbre depuis pour sa mise en cause dans l'affaire Bygmalion, reçoit Patrick Buisson, l'éminence grise de l'Élysée. L'ordre est venu d'en haut. De Nicolas Sarkozy.

« Il faut le tirer de là. Je compte sur toi. » Le président a demandé en personne à Jean-François Copé d'aider son précieux conseiller, empêtré dans ce qu'on appelle déjà « l'affaire des sondages de l'Élysée ». Une bombe à retardement pour le pouvoir en place, même si l'heure n'est qu'aux soupçons. Ce n'est pas tant à son conseiller que pense Nicolas Sarkozy qu'à lui-même. Il craint que le dossier ne l'éclabousse. Par prudence, le député de Seine-et-Marne a préféré, pour ce rendez-vous à l'Assemblée, se faire représenter par son « numéro deux ».

Lavrilleux et Buisson se rencontrent pour la première fois. Le politologue est le conseiller le plus en vue à droite ; Jérôme Lavrilleux n'est qu'un sans-grade de la machine UMP. Entre Copé et Sarkozy, les relations sont alors à couteaux tirés. Le nouveau président se méfie de l'ambitieux maire de Meaux, qu'il n'a pas voulu faire entrer dans son gouvernement. Copé en a pris ombrage et rumine sa vengeance à la tête du groupe UMP, sa base arrière pour sa propre ascension vers l'Élysée.

Son clan, dont Lavrilleux est le principal pilier, joue les contre-pouvoirs au sein de la majorité. Mais cette fois l'heure est grave. Le 15 juillet 2009, la Cour des comptes a publié un rapport accablant sur le budget du Château, où elle dénonçait notamment de nombreuses irrégularités dans les conventions signées entre le Palais et plusieurs sociétés de conseil, dont Publifact, celle de Patrick Buisson : les procédures d'appel d'offres n'ont pas été respectées. La présidence a promis de modifier la convention qui la lie à la société du conseiller. Mais la gauche n'entend pas en rester là et réclame la création d'une commission d'enquête parlementaire.

Pour Buisson, c'est une catastrophe. Il a refusé un poste officiel au Château pour demeurer dans l'ombre. Le voilà en pleine lumière et, pire encore, sous un jour inconnu : celui d'un homme qui aime l'argent. Un des points faibles du conseiller, mais que seuls son fils et quelques collaborateurs connaissent. N'était-il pas surnommé « Buisson-pognon » à *Minute* ?

À le voir dans son imperméable, avec ses éternelles chemises noires, sans voiture ni montre de prix au poignet, beaucoup se demandent pourtant ce qu'il fait de son argent. Patrick Buisson a la mentalité de ces épargnants de la IIIe République qui détestent les appartements en location et aiment investir dans la pierre. « Je ne veux pas crever tout seul dans une maison de retraite sans argent », répète-t-il de façon obsessionnelle.

Il s'est acheté un cinq-pièces dans ce XVIIe arrondissement qu'il n'a jamais quitté : il ne s'est pas éloigné de plus de cent mètres de la rue Pierre-Demours où habitaient ses parents. Son luxe, ce sont les livres anciens, les éditions originales et les tableaux de peintres français ou flamands du XVIIe siècle.

C'est un drôle d'appartement, tendu de rouge, de la moquette aux rideaux, empli de nombreuses bibliothèques. Aux murs, entre deux photos de Benoît XVI, des gravures de Jacques Callot, dessinateur lorrain connu pour ses eaux-fortes sur les ravages de la guerre de Trente Ans. Des disques, des films, un véritable cabinet de curiosités que l'homme ne laisse entrevoir qu'à quelques intimes. Et une étrange panière remplie de CD gravés.

Publifact ne connaît pas la crise. La société a connu une expansion spectaculaire depuis que son principal actionnaire travaille pour Nicolas Sarkozy. Son chiffre d'affaires est passé de 13 000 euros en 2003 à 1 733 982 euros en 2007. En 2009, les trois actionnaires de la société, Patrick Buisson, son fils Georges et Antoine Cassan, l'ami des années *Minute*, se sont répartis un million d'euros au prorata de leurs parts. Une manne. « Tu sais ce que veut dire Publifact ? Publication de factures ! » plaisantait Buisson dans les années 1980. Mais l'heure n'est plus à la blague en cette année 2009.

Volontiers paranoïaque, Patrick Buisson imagine évidemment un complot de la Cour des comptes. Dans son viseur, Claude Guéant. Il est persuadé que le secrétaire général a fourni à la Cour des pièces qu'il n'était pas obligé de transmettre.

Les deux hommes auraient pu être des alliés. Ils partagent de nombreuses thèses et notamment la nécessaire droitisation du discours présidentiel pour séduire l'électorat du Front national. Mais les jalousies de Château ont été plus fortes que ces connivences intellectuelles. Guéant a fait en sorte que, à l'Élysée, tout passe par lui. Il a réussi à s'imposer dans les tête-à-tête entre le président et le Premier ministre François Fillon. Il supporte mal, alors que son bureau jouxte celui de Nicolas Sarkozy, que Buisson ne prenne pas la peine de lui demander audience avant de rencontrer le chef de l'État, comme sait si bien le faire Pierre Giacometti. Lorsque paraît le rapport de la Cour des comptes, le conseiller de l'extérieur répète à ses interlocuteurs : « C'est un coup de Guéant pour m'écarter. Giacometti s'en sort bien, alors qu'il s'en est mis plein les poches. »

Il soupçonne aussi Philippe Séguin de ne pas lui avoir fait de cadeau. Comme tant d'autres, le président de la Cour des comptes avait sollicité un rendez-vous auprès de l'influent conseiller.

Mais Buisson n'a jamais répondu à ses demandes. Pourquoi perdre son temps avec un vieux gaulliste grognon alors que le Tout-Paris le sollicite ? Il s'en mord les doigts : « Je l'ai méprisé, il s'est vengé. » Il enrage aussi contre Nicolas Sarkozy. « Qu'est-ce qui lui a pris de faire entrer la Cour des comptes à l'Élysée ? Le général de Gaulle n'aurait jamais imaginé un truc pareil. » Il répète partout : « Nicolas ne fait rien pour m'aider, après tout ce que j'ai fait pour lui. »

Toute sa vie, Patrick Buisson s'est laissé détester, en tirant même une certaine jouissance, comme si cette posture de maudit rejoignait l'esthétique de la marge et de la haine de soi qui fait ses délices en littérature. Dans cette affaire cependant, il sait qu'il risque plus gros que d'habitude. Son nom est jeté en pâture au moment même où il accède au sommet du pouvoir. Il s'inquiète aussi pour son avenir financier, car ses contrats risquent d'être revus à la baisse. Il ravale sa fierté et supplie Nicolas Sarkozy : « Il faut m'aider ! »

Toucher Patrick Buisson, c'est déstabiliser le président. Nicolas Sarkozy l'a compris et se démène sur plusieurs fronts pour étouffer le scandale. Il demande d'abord à Michèle Alliot-Marie d'enterrer la commission d'enquête réclamée par les socialistes. La ministre de la Justice s'exécute de bonne grâce. Elle déclare la commission inconstitutionnelle, car, explique-t-elle, « le contrôle du Parlement s'exerce sur l'action du gouvernement, et non sur celle de la présidence de la République ». En vain. Le président de l'Assemblée nationale Bernard Accoyer, qui a peu d'estime pour le chef de l'État, passe outre. Nicolas Sarkozy décide alors de s'adresser directement à Jean-François Copé : « Je compte sur toi pour plomber la commission. »

C'est peu de temps après que Jérôme Lavrilleux et Patrick Buisson se rencontrent à l'Assemblée. « On va vous aider », promet le fidèle de Jean-François Copé. Le cabinet du patron du groupe est alors mis à contribution pour sortir le patron de la chaîne Histoire de cette mauvaise passe. Le 20 janvier, les députés UMP de la commission des Finances parviennent à exclure l'Élysée du champ d'investigation de la commission en reprenant les arguments de Michèle Alliot-Marie. Patrick Buisson peut souffler. Il ne sait pas encore que l'affaire va rebondir un mois plus tard sur le terrain juridique, lorsque l'association Anticor portera plainte pour « favoritisme » dans le contrat signé en 2007 entre l'Élysée et Publifact.

Un point crucial reste à régler : comment continuer à rémunérer grassement le conseiller puisque l'Élysée a décidé de réduire l'enveloppe de ses prestations externes ? Nicolas Sarkozy a la solution. En janvier 2010, il suggère à Claude Guéant de prendre contact avec Xavier Bertrand, le tout nouveau secrétaire général du parti. C'est Éric Cesari, directeur général de l'UMP et fidèle sarkozyste, qui se charge de demander à Xavier Bertrand de prendre en charge une partie des salaires versés à Buisson sur les comptes du parti. Le nouveau patron de l'UMP reçoit alors le conseiller occulte, qui n'a que chiffres et lignes comptables à la bouche. Jusque-là, l'UMP faisait affaire avec les sociétés de Pierre Giacometti pour les conseils et les sondages, et de Christophe Lambert pour les congrès, réunions publiques et autres événements du parti. Il faut désormais trouver une place pour Patrick Buisson.

Les tractations sont menées par le conseiller politique de Xavier Bertrand, Michel Bettan. Elles durent plusieurs semaines, car le politologue est dur en affaires. Il obtient finalement que l'UMP le rémunère à hauteur de 10 000 euros par mois, le montant que lui versait l'Élysée pour ses activités de « conseil ». Mais Buisson veut plus : l'exclusivité de la commande des sondages, sur lesquels il a pris l'habitude, en toute légalité, de réaliser des marges confortables. Xavier Bertrand refuse, il veut continuer à travailler avec les instituts de son choix. Un document est signé. Les notes se font rares, Buisson se contente de quelques conseils par téléphone. Dans les couloirs de l'UMP, certains murmurent que « le contrat est bidon ».

Le 17 novembre 2010, Jean-François Copé remplace Xavier Bertrand à la tête du parti. Une aubaine pour le patron de Publifact. S'il n'avait jusque-là que mépris pour le maire de Meaux, il lui trouve très rapidement de nombreuses qualités. Le nouveau chef de l'UMP se montre arrangeant. Un avenant est ajouté au document signé sous l'ère Bertrand, car, entre-temps, Patrick Buisson, inquiet que l'affaire des sondages ne le rattrape en justice, a prudemment décidé de mettre le contrat au nom de son autre société. Le 30 mars 2009, il a créé une nouvelle SARL, PubliOpinion, au capital de 10 000 euros, dont il est le gérant et dont le siège social se situe rue de Ponthieu. Le cabinet de Jean-François Copé signe pour un montant de 31 993 euros par mois.

On n'aperçoit jamais le nouveau patron de l'UMP en présence de Patrick Buisson. Pourtant, entre les deux hommes, l'entente est de plus en plus cordiale. À son tour, Copé se laisse séduire par le conseiller du président et le consulte par téléphone de plus en plus souvent. C'est sans mal que Buisson le convainc de ressusciter le sulfureux débat sur l'identité nationale. Et c'est ainsi que, sans que personne, à droite comme à gauche, comprenne pourquoi, le député de Seine-et-Marne réclame, en décembre 2010, que le sujet soit « relancé pour la campagne de 2012 ».

Patrick Buisson se rapproche également de Jérôme Lavrilleux, militant gaulliste depuis son plus jeune âge, chez lequel il devine une ambition sans bornes. On l'ignore, mais c'est lui qui suggère le nom de cet organisateur hors pair à Nicolas Sarkozy pour s'occuper des meetings et des déplacements de la campagne de 2012. Ils ne se perdent plus de vue, même après la défaite. Le 15 octobre 2012, Patrick Buisson répond présent pour la remise de décoration à Lavrilleux par Nicolas Sarkozy, dans son bureau de la rue de Miromesnil : un symbole fort pour l'équipe Copé, qui se bat pour la présidence de l'UMP contre François Fillon.

Patrick Buisson s'est trouvé une autre guerre. Copé est devenu son nouveau champion. Il lui téléphone presque chaque jour, dit tout le bien qu'il pense du *Manifeste pour une droite décomplexée* que vient de publier le maire de Meaux. Lorsque Jean-François Copé évoque les « pains au chocolat » que de bons petits Français se feraient « arracher » à la sortie de l'école par des musulmans pendant le ramadan, Buisson se frotte les mains. C'est simple, il a parfois l'impression que l'élève dépasse le maître.

« Il est bien plus malléable que Sarkozy, qui écoute trop de monde et tergiverse », se félicite le conseiller devant un proche. Et devant un autre, en privé, qui s'étonne de le voir travailler main dans la main avec l'ancien ministre du Budget après l'avoir tant critiqué, il blague : « C'est rigolo, non, de piquer de l'argent à un Juif ? »

Le résultat de l'élection pour la présidence de l'UMP est si serré, hélas, que Fillon et Copé s'attribuent chacun la victoire, accusant le camp adverse de fraude massive. Jean-François Copé est désigné chef du parti, mais se voit imposer une direction collégiale. Il est désormais sous surveillance. Par prudence, il ne renouvelle pas, en 2013, le contrat de celui qui avait tant cru en lui.

17

La Droite forte à Miromesnil

C'est une étonnante tablée qu'a réunie Nicolas Sarkozy dans ses luxueux bureaux de la rue de Miromesnil, que la République a mis à sa disposition après sa défaite.

En cette rentrée 2012, l'ancien président et sa femme reçoivent pour déjeuner Patrick Buisson, Brice Hortefeux et les deux jeunes pousses de l'UMP, Guillaume Peltier et Geoffroy Didier. Un repas comme à la maison, où la chanteuse distrait ses invités avec quelques anecdotes sur Robert De Niro, qui s'est arrêté durant l'été dans la villa des Bruni-Tedeschi, au cap Nègre. Ce jour-là, on parle assez peu de politique, finalement. Ce qui compte, c'est le symbole : à quelques semaines du congrès de l'UMP de novembre, l'ancien chef de l'État reçoit les chefs de file de la Droite forte, cette motion conduite par Guillaume Peltier et Geoffroy Didier.

Ce déjeuner est un pied de nez à tous ceux qui, à l'UMP, présentent leur propre courant, de l'ancien ministre Laurent Wauquiez à l'ex-Premier ministre chiraquien Jean-Pierre Raffarin, et ont l'outrecuidance de réclamer un « droit d'inventaire » sur le quinquennat. Guillaume Peltier et Geoffroy Didier goûtent l'honneur qui leur est fait. Ils ne sont alors ni l'un ni l'autre élus et savent mieux que personne à qui ils doivent d'être là : Patrick Buisson.

Patrick Buisson ? C'est bien simple, en cette période d'après-défaite, plus personne ou presque ne le connaît. Le conseiller si courtisé devient d'un coup, pour certains, le bouc émissaire de la défaite. Les langues se délient pour dénoncer la mauvaise influence qu'il aurait eue sur Nicolas Sarkozy. « Le seul reproche que je fais à Patrick Buisson, c'est que son objectif n'était pas de faire gagner Nicolas Sarkozy, c'était de faire gagner Charles Maurras », lâche Nathalie Kosciusko-Morizet dans une formule qui fait mouche.

L'échec présidentiel n'a pourtant pas brouillé le conseiller et l'ancien président. En cette fin d'année 2012, Patrick Buisson a portes ouvertes chez Nicolas Sarkozy, avec lequel il converse encore presque tous les jours. Le soir de la défaite, « Patrick » était là, fidèle au poste, pour tenir au vaincu un discours réconfortant : « Tu n'as perdu que de très peu. Avec deux ou trois semaines de campagne de plus, tu aurais gagné, j'en suis sûr ! »

C'est lui qui a supplié le battu de ne pas prononcer de « mots définitifs » comme Lionel Jospin au soir de sa défaite, en 2002. « Les Français n'aiment pas Hollande, ils vont s'apercevoir qu'il est nul. Un retour est possible ! »

Buisson préfère rester dans l'ombre depuis qu'il a été désigné comme responsable de la défaite. L'ancien conseiller n'entend pas pour autant renoncer à jouer de son influence sur des hommes nouveaux.

Voilà quelques années que l'idéologue d'extrême droite a repéré le jeune Peltier. Né en 1976, le garçon a le profil idéal. Son sourire juvénile et son aisance médiatique en ont fait un chouchou des plateaux de télévision. « Une merveille », s'extasie Buisson : il l'appelle tous les jours, le conseille, le recommande à Nicolas Sarkozy. « Guillaume me dit… », « Guillaume pense… », « Guillaume estime… ».

Leurs parcours se ressemblent, à quelques années près : pour Peltier, des classes au Front national, puis chez Philippe de Villiers, avant d'intégrer en 2009 l'UMP, où il incarne la tendance « droitière ». Professeur d'histoire, comme Patrick Buisson, il se lance sur les conseils du patron de Publifact, en 2008, dans l'analyse des sondages. Il crée sa propre société de conseil,

Com1+, dont il facture les services aux élus du parti. Il connaîtra d'ailleurs les mêmes déboires que son père spirituel : en juin 2014, son domicile sera perquisitionné dans le cadre d'une enquête pour délit de favoritisme. Il sera placé en garde à vue le 11 décembre suivant sans être mis en examen.

Depuis quelques mois, il forme un tandem avec un autre jeune loup à la dent longue, Geoffroy Didier, avocat de profession devenu bras droit de Brice Hortefeux. Moins idéologue, mais plus opportuniste (il a fait ses premiers pas au sein de la Diagonale, qui réunissait les sarkozystes de gauche), Didier rêve de devenir un des hérauts de la relève sarkozyste. C'est Peltier qui le met en contact avec Buisson. Mais, avant d'être adoubé, l'homme à tout faire de Brice Hortefeux a dû montrer patte blanche. Et passer durant la campagne de 2012 un quasi-entretien d'embauche.

Patrick Buisson cherche alors à contrecarrer l'influence de Nathalie Kosciusko-Morizet, que Nicolas Sarkozy, à son grand désespoir, a nommée seule porte-parole de la campagne : une bataille perdue, pas la guerre. Patrick Buisson convainc le candidat de recruter des porte-parole adjoints. Il a les mains libres pour dresser lui-même la liste des postulants qu'il reçoit… dans son bureau de la chaîne Histoire – étrange mélange des genres.

Geoffroy Didier arrive dans la tour TF1 décidé à faire bonne impression. Son patron, Brice Hortefeux, a été écarté de la campagne ; lui n'a pas l'intention de rater son baptême du feu. La télévision reste branchée sur LCI pendant que se déroule le casting, l'ordinateur – que Patrick Buisson n'utilise guère que pour envoyer des e-mails – est allumé. Des feuilles et des journaux jonchent la table. Les questions fusent, en batterie. Didier est retenu.

En quelques jours, sa liste est prête, si habilement composée que personne n'y voit sa signature. Aux côtés de Geoffroy Didier et de Guillaume Peltier, le centriste Jean-Christophe Lagarde, Franck Riester, jeune député UMP qui deviendra l'un des hérauts du mariage pour tous, et Salima Saa, chef d'entreprise d'origine algérienne qui a rallié l'UMP en 2011. Comment mieux brouiller les pistes ?

La défaite de 2012 ne décourage ni Peltier ni Didier. Les voilà invités permanents, ou presque, des chaînes d'information en continu pour diffuser la bonne parole buissonnienne : Nicolas Sarkozy n'est pas mort, seule une UMP solidement arrimée à droite peut hisser un candidat au pouvoir. Un discours qui plaît aux militants de base.

Très vite, le tandem décide de déposer une motion pour le congrès de l'UMP, en novembre 2011. Patrick Buisson ne peut qu'en approuver l'idée. Avec Didier, il entrevoit au passage le moyen de se rapprocher de Brice Hortefeux, le meilleur ami de l'ancien président, et de rester ainsi dans le champ de vision de Nicolas Sarkozy.

Entre l'ancien ministre de l'Intérieur et le conseiller, les relations sont glaciales. Hortefeux s'est toujours méfié de ce « type brillant, mais cinglé ». « Je ne le sens pas », répète-t-il. Encore Hortefeux ne sait-il pas que, en privé, Buisson parle de lui comme d'un « nul ».

Parmi les nombreux ministres qui achetaient les bonnes grâces du conseiller du président, ce sarkozyste historique a toujours préféré travailler avec Pierre Giacometti. Ce n'est que lorsque Nicolas Sarkozy lui signifie sa sortie du gouvernement qu'il mesure l'étendue de sa bévue : « J'aurais dû traiter Buisson, souffle-t-il alors à son bras droit Geoffroy Didier. Si je l'avais fait, je serais peut-être resté. »

Comme à Buisson, la défaite de son champion n'inspire à Hortefeux qu'une idée fixe, comment préparer au mieux le retour de l'ancien président ? Quand Geoffroy Didier lui a fait part du projet de motion de la Droite forte, il est d'abord resté sceptique : « Vous n'êtes pas connus, vous n'êtes pas élus. Ce n'est pas parce que vous êtes passés trois fois chacun à BFM TV que vous allez y arriver ! Vous allez vous fracasser et faire du tort à Nicolas. » Les deux ambitieux le rassurent : s'ils ratent leur coup, ce sera leur échec ; si, au contraire, leur score est honorable, ce sera le succès de l'ex-locataire de l'Élysée. Ils le persuadent aussi de travailler avec Buisson. L'ancien ministre de l'Intérieur finit par accepter un déjeuner à quatre.

Au début de l'été 2012, l'ancien ministre, le conseiller et les deux jeunes UMP se retrouvent chez Tante Marguerite, restaurant un peu compassé des Invalides où journalistes et députés se rencontrent volontiers. Ils ont réservé un salon privé au premier étage pour s'entretenir discrètement. La conversation tourne autour du retour de Nicolas Sarkozy en politique. Prudent, Brice Hortefeux explique que « Nicolas n'a pas encore pris sa décision ». Buisson est beaucoup plus catégorique : « Un tigre ne devient jamais végétarien », assène-t-il, fier de sa formule – il la distillera ensuite habilement dans les journaux. Ils conviennent ensemble que la Droite forte ne revendiquera pas le soutien de Nicolas Sarkozy. Les militants UMP comprendront d'eux-mêmes que leur motion est la seule qui reprend l'esprit de 2012.

Reste à trouver les parrainages nécessaires à la présentation du texte. Didier et Peltier n'ont pas encore de réseau d'élus sur lequel s'appuyer. Patrick Buisson demande alors un coup de pouce discret à l'ancien président.

De son bureau de la rue de Miromesnil, Nicolas Sarkozy prend lui-même son téléphone et obtient dix-huit parrainages de parlementaires, soit huit de plus que le nombre requis. Du sénateur Pierre Charon à l'ancien maire de Cannes Bernard Brochand, ses vieux fidèles s'exécutent… La Droite forte existe enfin, Peltier et Didier avec elle.

La profession de foi les dit « attachés au patriotisme, au mérite, au travail, comme à l'effort, à l'autorité républicaine, […] à la lutte contre les fraudes et l'assistanat ». Leur credo : « le rassemblement des classes moyennes, des catégories populaires, de la France périurbaine et rurale, qui souffrent de déclassement social et identitaire et qui sont les grands perdants de la mondialisation ». Du Buisson dans le texte, bien que le tandem jure la main sur le cœur que le conseiller occulte ne leur a soufflé aucune idée. Grisé par la campagne, Guillaume Peltier propose même de réserver des postes à des « journalistes de droite » dans l'audiovisuel public, ainsi que la fin du financement public des syndicats, et la suppression du droit de grève des enseignants.

Moquée par les ténors du parti et contre toute attente, la motion arrive largement en tête avec 27,77 % des voix. Une victoire pour le président sortant. Un tremplin pour les deux jeunes UMP. Et un succès pour Buisson, qui se croit alors et toujours indétrônable en sarkozie.

En septembre 2014, lorsque Nicolas Sarkozy annoncera sa candidature à la présidence de l'UMP, il ne sera pas sur la photo de famille réalisée par *Paris-Match*. Sur le cliché, Guillaume Peltier affiche un sourire triomphant.

18

L'exorcisme

« Je ne veux plus entendre parler de vous. » Pauline de Préval éteint son portable, tremblante de colère. Elle a été trahie, et par un prêtre ! Don Louis-Hervé, cet homme faussement affable qui avait su l'écouter et la convaincre de lui avouer ses tourments, n'était pas seulement son confident, il était devenu un ami, dont elle pensait que, plus que quiconque, il se tairait. Au bout du fil, don Louis comprend que la jeune femme ne plaisante pas.

Elle lui avait tout raconté : ses états d'âme, ses rencontres, ses hésitations, ses sentiments. Comment deviner que le prêtre en soutane s'en ouvrait à Patrick Buisson ? Dans leurs conversations de plus en plus houleuses, son patron a lâché des détails troublants qui ne laissent aucune place au doute. Il connaît chacune des abbayes où elle s'est arrêtée sur les conseils de don Louis, et dont elle n'avait jamais parlé à son « patron ». Seul l'homme d'Église qu'elle lui a présenté et duquel il s'était beaucoup rapproché a pu l'en informer. Cette fois, c'est le coup de grâce. L'heure de la rupture a sonné, violente, folle, ambiguë, à l'image de leur trouble relation.

Une première alerte avait déjà failli mettre fin à leur alliage fusionnel. C'était en septembre 2011. Avec moult ménagements et précautions, Pauline avoue à son patron qu'elle vient de boucler un livre sur Jeanne d'Arc. Elle y a mis la dernière main au mois d'août et les éditions du Seuil lui ont fait livrer les épreuves. La jeune productrice propose à son mentor de les relire, pour calmer une colère qu'elle pressent. L'accueil est plus que froid. Patrick Buisson est furieux.

Tout lui échappe dans cette affaire : Pauline a passé l'été entier sur son ouvrage, refusant, du coup, de venir le rejoindre quelques jours aux Sables-d'Olonne. Elle a choisi son sujet en cachette, alors que, depuis des mois, il tentait de la convaincre d'écrire un essai sur les derniers jours des grands écrivains. Elle a préféré Jeanne d'Arc, l'héroïne de Bernanos, dont il lui aurait lui-même si bien parlé ! Son éditeur, Stéphane Barsacq, est un jeune homme qu'il lui a personnellement présenté et dans lequel il devine un rival. Un ancien journaliste comme lui, brun et strict dans sa mise, beaucoup plus jeune bien que légèrement dégarni, mais aussi érudit.

L'éditeur est un écrivain intéressé par la philosophie et la spiritualité. Ses *Éjaculations mystiques* sur Cioran ont séduit certains critiques, comme ses anthologies consacrées à Simone Weil et à saint François d'Assise, ce grand ascète que Pauline admire tant.

Il aime la musique classique et la poésie, comme elle. Il l'emmène rendre visite à Lucien Jerphagnon, un ami philosophe qu'il édite et accompagne personnellement. Pauline assiste aux entretiens avec le vieil homme et le photographie – elle fournira les clichés au *Point* à la mort de l'intellectuel. C'est Barsacq qui l'encourage à s'intéresser à « Jeanne », mais aussi à écrire pour elle, plutôt que de jouer les éternelles petites mains pour son patron. Pour la tenir loin des regards de Patrick Buisson, il a préféré la recommander au Seuil, au lieu d'Albin Michel, chez qui l'idéologue possède entrées et relais.

Dans *Jeanne d'Arc : la sainteté casquée*, Pauline de Préval saisit la guerrière « dans sa transcendance » : ni icône politique, comme la fantasme la droite, ni sainte laïque, comme le voudrait la gauche. « Ce qui est touchant chez Jeanne, c'est que ce n'est pas une sainte de vitrail : elle aime la guerre, la vie », expliquera-t-elle sur France Culture. Elle dit « Jeanne », comme certains historiens de droite, loue son « insolence dans la sainteté », ce courage crâne quand une assemblée d'évêques la condamne, et parle au micro de cette brune d'un mètre soixante, dont elle a épluché les actes du procès, avec une intonation habitée : c'est comme si l'enfant de Domrémy était encore vivante. Les voix, « on sent qu'elle y croit, dit Pauline la chrétienne à l'antenne. Est-ce qu'on meurt pour une fiction ? »

« Comme c'est cucul ! » soupire Patrick Buisson en feuilletant les pages des épreuves qu'elle lui a confiées. Sa jalousie transforme chaque sujet en reproche : le choix du Seuil, cette maison de gauche et de mondialistes qu'il déteste – « l'éditeur de Stéphane Hessel ! » –, le dédain qu'elle a manifesté à l'égard de sa propre maison d'édition, partenaire éditorial de la chaîne Histoire, le soin qu'elle a mis à le tenir à l'écart de son projet, négligeant ce réseau formidable dont elle aurait pu bénéficier pour sa promotion… C'est tout juste s'il ne lui reproche pas un préjudice commercial pour la chaîne qu'il dirige. « Je ne veux pas être ta danseuse », répond-elle fièrement face à ses caprices de tyran.

Comme chaque fois qu'il trouve un ennemi sur sa route, Patrick Buisson est rattrapé par ses manies : décortiquer les curriculum vitæ, en éclairer les angles morts, décrypter les patronymes. Barsacq n'est pas le vrai nom de son nouveau complice, explique-t-il narquois à Pauline, c'est celui du père de sa mère. Son grand-père paternel s'appelle en réalité Goudji – « un Juif », raille-t-il. Il se moque du père du jeune Barsacq, décorateur de cathédrales et de grandes abbatiales : un « faux artiste » qui pratique un « art dégénéré » et « souille » les églises de France, persifle l'historien.

Patrick Buisson peaufine sa vengeance. En ce mois de janvier 2012, on fête les six cents ans de la naissance de la « Pucelle d'Orléans ». Les journaux recensent toutes les parutions consacrées à Jeanne d'Arc, mais Pauline de Préval n'est invitée à parler de son livre qu'à France Culture – « chez Lenoir ! » se moque Buisson –, et gratifiée d'un unique article, dans *Le Monde des religions*. *Le Figaro Magazine* se contente d'un entrefilet. À tort ou à raison, Buisson se flatte d'être intervenu pour qu'il en soit ainsi.

Il tient sa revanche le 6 janvier 2012. Aux journaux télévisés de 20 heures, les Français découvrent, une fois n'est pas coutume, le visage de Patrick Buisson. Il est à Domrémy, le village de la « Pucelle », avec le président. Il parade, s'attardant devant les caméras, discutant avec des journalistes ou l'écrivain Richard Millet, qui n'a pas encore écrit le controversé *Éloge littéraire d'Anders Breivik* et constate avec Buisson, en observant le café de l'Industrie abandonné et les fonderies de Vaucouleurs closes, que décidément la France se meurt. « Quel Simenon évoquera cette interminable agonie provinciale ? » interroge Millet.

C'est la lecture du manuscrit de Pauline, quatre mois plus tôt, qui a donné l'idée de ce pèlerinage au conseiller élyséen. Elle l'a contourné et fui, il a mûri sa vengeance. Son livre est resté confidentiel ? Il va lui donner un aperçu de sa puissance de feu. Avant la visite présidentielle, il a chargé officieusement Pauline des repérages : la maison natale de Jeanne d'Arc, dans ce petit village de Lorraine à la frontière du « royaume de France », et, à une vingtaine de kilomètres de là, celui de Vaucouleurs, dans la Meuse, d'où la guerrière a bouté les Anglais hors de France.

Mais la programmatrice de la chaîne Histoire ne fait pas partie de la « caravane » qui suit Nicolas Sarkozy et ses ministres. Sur recommandation de Buisson, deux historiens spécialistes de la « Pucelle », Colette Beaune et Philippe Contamine, ont été conviés dans l'avion présidentiel. L'auteure de *Jeanne d'Arc : la sainteté casquée* suit la visite devant son téléviseur.

Voilà treize ans qu'ils travaillaient ensemble. Treize ans passés côte à côte ou presque, dans les bureaux de la tour TF1 ou dans les salles de montage, de l'autre côté du périphérique. Patrick Buisson a vite fait savoir à Pauline, y compris par écrit, l'étrange passion platonique qu'elle lui inspirait. La jeune productrice, elle, lui a confié les secrets de son existence. Le reste de cette relation professionnelle mais trouble demeure un mystère, sauf pour eux. Mais Pauline de Préval a de plus en plus l'impression d'étouffer.

Elle s'en ouvre d'abord à son ancien collègue de LCI, Jean-Sébastien Ferjou, parti travailler avec l'équipe de « Sept à huit », le rendez-vous dominical de TF1, avant de fonder le site d'information Atlantico. Ils sont devenus complices. L'été, elle lui rend visite du côté de La Rochelle, où Ferjou possède une maison de famille, tandis que Pauline se rend en face, sur l'île de Ré. À la faveur de ces rencontres estivales, elle lui confie qu'elle se sent sous emprise. Ficelée, aspirée, emprisonnée par un homme auquel elle doit sa carrière, mais qui en retour dévore sa vie.

Elle doit se montrer disponible pour son patron vingt-quatre heures sur vingt-quatre. Un jour, il faut passer le voir sans délai dans son appartement de la rue de Courcelles sous prétexte d'un dossier urgent. Un autre, jouer les coursiers et porter avec son scooter un pli qui ne peut attendre. Pauline s'exécute, partagée entre le désir d'être à la hauteur des attentes flatteuses qu'il place en elle, et la pitié que lui inspire cet homme qui vit seul, écrasé par ses livres, entre ses rideaux de velours rouge et ses canapés en cuir anglais. Un jour de Noël, il l'appelle, plaintif ; il se sent abandonné. C'est comme s'il la voulait pour lui seul.

À midi, déjeuner en sa compagnie est devenu obligatoire : lorsqu'elle a prévu autre chose, il lui demande d'annuler. Si elle refuse, il estime, comme par hasard, que ses montages sont mauvais : « Tu me déçois, le sujet est nul. » À table, Buisson monopolise la conversation, assénant à Georges et à Pauline des vérités qu'ils écoutent en mangeant silencieusement, comme si leur présence ne servait qu'à lui offrir une oreille ou un miroir. Parfois, il parle si fort qu'ils sont gênés. Lorsqu'il houspille sévèrement une serveuse – son grand jeu –, ils préfèrent baisser les yeux.

Ses exigences envers elle ont très vite dépassé le cadre professionnel. Il lui prescrit les livres qu'elle doit lire, les films qu'elle doit voir, les disques qu'elle doit écouter. Il la réquisitionne pour l'accompagner à des concerts ou des expositions. Il lui offre des livres anciens et rares dont il aime à rappeler le prix. Il la supplie en retour de le conduire aux Sables-d'Olonne en voiture, alors que, d'ordinaire, il s'y rend en train, ou de l'accompagner au chevet de sa mère, à l'hôpital : la jeune journaliste de LCI s'y trouve le jour où Madeleine Buisson s'éteint, en 2006. Pauline accompagne la famille à l'église Saint-Ferdinand-des-Ternes, puis au cimetière des Batignolles.

Flattée d'être devenue la favorite d'un homme si exigeant, elle a longtemps trouvé son compte dans cette relation. Mais, depuis quelque temps, le huis clos est devenu stérile et angoissant. Comme pour le mettre en garde, elle menace à plusieurs reprises de démissionner, mais chaque fois Patrick Buisson trouve les arguments pour l'en empêcher : « Tu ne vas pas te gâcher, tu es quelqu'un de rare. » Il la flatte… à sa manière : « Tu aurais mérité d'être un homme. »

Hypocondrie ou réels problèmes de santé, il tente dès qu'elle s'éloigne de l'apitoyer sur son sort. Et si l'empathie n'a pas prise, le ton change et se fait plus menaçant : « Sans moi tu n'es rien. Tu ne retrouveras jamais de boulot. J'ai mauvaise réputation, personne ne voudra t'embaucher. Je suis un paria. Tu n'as pas le choix : il faut qu'on se serre les coudes. » L'argument porte : Pauline de Préval n'a rien d'autre à écrire sur son curriculum vitæ que sa longue collaboration avec le sulfureux conseiller de Nicolas Sarkozy.

Tous les spécialistes de l'addiction et de l'emprise connaissent ces symptômes, le jeu malsain d'un double sadomasochisme, psychologique et symbolique. L'un domine, mais l'autre accepte. Chacun est à la fois victime et bourreau. Dès que l'un prend le large, l'autre cherche à le retenir. Ces duos infernaux trouvent dans le feuilleton de leurs conflits, puis dans celui de leurs réconciliations, une forme de jouissance qui puise dans la souffrance.

Pauline s'est transformée au cours de ces années, tour à tour évanescente et affirmée, maîtresse femme et enfant fragile. D'abord éthérée, jeune fille timide et rougissante qui découvre le monde. Puis, au fur et à mesure qu'elle prend conscience du pouvoir psychologique qu'elle exerce sur son patron, elle gagne en assurance. Changement de style : la voilà qui déambule habillée en cuir, devant les regards ébaubis de la rédaction de LCI. Puis qui s'étiole.

Ceux qui la croisent se retournent sur sa silhouette amaigrie et son teint pâle, s'inquiétant même pour sa santé. Parfois, à la faveur d'un café ou d'une rencontre dans les couloirs, elle murmure : « C'est un vampire… »

Plus elle lui échappe, plus Patrick Buisson resserre ses filets. Don Louis est mis à contribution pour sonder Pauline, mais il n'est pas le seul : le patron de la chaîne Histoire téléphone désormais à tous les amis de la jeune femme au prétexte de s'inquiéter de sa santé et de son humeur – en réalité pour l'empêcher de s'éloigner. « Tu dois ramener Pauline à la raison, insiste-t-il auprès de Jean-Sébastien Ferjou, la convaincre de rester avec moi pour la France. » La France ? Pour garder Pauline près de lui, Patrick Buisson va jusqu'à convoquer la patrie. « Si tu pars, je ne serai plus en état de travailler pour le président. »

À la chaîne Histoire, ils ne s'adressent plus la parole, ou presque, sauf pour s'écharper en de mémorables scènes dont leurs voisins d'open-space sont les témoins involontaires.

Le matin, quand elle rejoint la petite équipe, Patrick Buisson se moque : « La demoiselle de Préval est arrivée ! » Le politologue referme la porte de son bureau derrière la jeune femme pour la traiter de « lesbienne héroïnomane ». Un jour, il la retient dans son bureau pendant plusieurs heures. « Je vais me flinguer », menace-t-il. Avant d'implorer son « pardon ».

La religion, qui les a tant rapprochés, devient leur champ de bataille. Un jour de 2009, elle lui annonce qu'elle veut mener une vie cloîtrée et entrer dans les ordres. A-t-elle trouvé dans ce mensonge le seul moyen de lui échapper ?

Buisson devient comme fou. Devant ses supplications, elle accepte de reporter son projet à l'année 2012 – comme si elle faisait don de sa souffrance à Nicolas Sarkozy. Patrick Buisson, en effet, est si troublé qu'il délaisse le président et oublie que les semaines passent, alors qu'il faut entrer en campagne.

Le patron de la chaîne Histoire est convaincu que Pauline de Préval est manipulée. Pire : il veut persuader cette chrétienne fervente qu'elle est habitée par le Diable. Possédée par le Mal, envoûtée par le Démon, maraboutée par une secte « sataniste », lui assure-t-il un jour. Avant de lui proposer de la faire exorciser. « Ne me parle plus de ton Dieu ! » lui rétorque la jeune femme.

La folie, la peur et la psychose gagnent les deux camps. Paranoïa ou vérité ? Pauline est convaincue d'être suivie, écoutée par des officines privées – voire par les services de la police française. Elle est certaine que son nouvel appartement a été « visité » et son scooter trafiqué. Patrick Buisson ne l'a-t-il pas menacée à plusieurs reprises de faire appel à « Frédéric », ce M. Péchenard, ami intime de Nicolas Sarkozy, qui dirige la police judiciaire ? « Il suffit que je lui téléphone et tu verras ! » prévient-il.

Il ne téléphone pas, il va trouver, fébrile, le patron du 36, quai des Orfèvres, et lui explique qu'il a besoin d'un détective privé. Des affaires de famille, précise-t-il. Frédéric Péchenard tergiverse et, à l'en croire, ne donne pas suite : « Je n'ai pas quelqu'un d'assez fiable », répond-il au politologue. Mais Patrick Buisson a définitivement terrorisé Pauline. Elle décide de déposer une main courante au commissariat, et choisit un avocat spécialiste des phénomènes sectaires : Rodolphe Bosselut. Quand Buisson apprend qu'elle a fait appel aux services d'un conseil, il se renseigne, comme toujours. Maître Bosselut est bien introduit dans les milieux de la droite libérale et des journalistes parisiens. C'est un contributeur régulier d'Atlantico, le site de ce Ferjou que Buisson considère comme un traître depuis qu'il a pris le parti de Pauline. L'avocat vient de remporter son procès contre l'Opus Dei, où Catherine Tissier, la plaignante, accusait la célèbre prélature de harcèlement moral et psychologique. Autant dire qu'il se trouve dans le mauvais camp…

Pauline de Préval dépose un arrêt maladie, début d'une longue négociation avec TF1 pour quitter le groupe. Buisson a perdu une première manche, mais se donne une fois de plus le beau rôle. Devant une collègue de LCI, il soupire : « Elle me faisait croire qu'elle voulait entrer dans un couvent, mais j'ai découvert qu'elle avait une liaison avec un type, le masque est tombé. Elle m'a abusé. J'ai compris qui elle était.

Elle m'a trompé, c'est une immense déception. » Avec le même air grave, il explique à d'autres proches que « Pauline et Georges se battaient tous deux pour [son] affection ». Une affection dont Georges ne veut plus.

19

Les dossiers de Georges

Lorsque Nonce Paolini apprend que Georges Buisson souhaite le rencontrer en cette fin d'année 2012, le patron de TF1 se demande ce que son employé peut bien avoir d'urgent à lui dire. Il ne connaît pas exactement sa fonction au sein du groupe, il n'a guère entendu parler de cet homme effacé et timide. Intrigué, il accepte néanmoins de le recevoir. Un père et un fils dans une entreprise, c'est toujours le risque de se voir plongé, malgré soi, dans des nœuds de vipères et d'inavouables secrets de famille. Et les Buisson ne sont pas vraiment des employés comme les autres.

Avec le patron de la chaîne Histoire, les relations sont loin d'être apaisées. Patrick Buisson n'a pas apprécié le remplacement de l'ami Étienne Mougeotte par ce Paolini qu'il ne connaît pas. Pas aimé, non plus, le départ de son allié Jean-Claude Dassier pour l'Olympique de Marseille, en 2009. « Qu'est-ce que tu vas aller faire dans ce club de mabouls et de gangsters ? » Il critique la stratégie industrielle de Paolini, le rapprochement de TF1 avec les Américains de Discovery – une « hérésie ». « Rien n'est plus comme avant à TF1 », soupire-t-il. Et notamment pour lui.

Il n'a jamais cessé de s'agiter en coulisse, mais sans succès, pour pousser Laurent Solly, le « numéro deux » de la chaîne, à la première place. Il critique sans cesse Catherine Nayl, la directrice de l'information, qui ne fait jamais rien de ce qu'on lui demande. En 2007, la première chaîne avait été « impeccable », explique Buisson à Nicolas Sarkozy tout au long de l'année 2012. « Aujourd'hui, TF1 te fait perdre ! »

On n'en a jamais rien su : à plusieurs reprises, le propriétaire de la chaîne, Martin Bouygues, Nonce Paolini, mais aussi Nicolas Sarkozy et Patrick Buisson, se sont retrouvés pour des rendez-vous confidentiels. Durant ces rencontres, le président sortant ne se gêne pas pour dire à son ami Martin Bouygues combien il est contrarié : au nom du respect de l'équité du temps de parole, que de coups bas assénés au camp de la droite, peste-t-il.

Que se règle-t-il, durant ces conclaves ? Quels arrangements sont passés ? Y parle-t-on de contrats, de sondages ? Un pied dans la tour du groupe qui l'emploie, un pied dans le salon vert de l'Élysée, le conseiller semble en tout cas assez à son aise dans ce double rôle pour enregistrer ces réunions. « Au moins, on ne risque pas de m'entendre sur les bandes : je me faisais tellement engueuler ! » lâchera Paolini lorsque la manie du patron d'Histoire sera révélée.

Nonce Paolini sait que Patrick Buisson médit dans son dos. Il attend le moment de lui régler son compte. Après la défaite du 6 mai 2012, il entrevoit l'occasion de se débarrasser enfin de lui. Mais comment ? Voilà aussi pourquoi la demande d'audience de Georges l'intrigue et l'intéresse à la fois, pourquoi, mû par un pressentiment, il accepte le rendez-vous. La conversation dépasse ses espérances.

Le fils accable tant le père que le patron en est gêné. Jamais, au grand jamais, il n'aurait soupçonné autant de haine au sein de ce duo. Georges veut aborder deux sujets. Le premier concerne celui qu'il appelle « Patrick Buisson » – c'est ainsi qu'il nomme, de manière administrative, ce père qui est devenu son pire ennemi. Dans le secret du bureau, il raconte, par bribes, son vrai visage.

Le second est consacré à Pauline de Préval, cette rivale qui, depuis qu'elle s'est imiscée dans leur vie, sème la zizanie entre son père et lui, juge-t-il. Georges Buisson a réuni des éléments comptables censés, selon lui, mettre la responsable éditoriale de la chaîne en difficulté.

Il ne veut rien de moins que la tête du couple infernal qui l'a humilié pendant des années. Interdit, mal à l'aise, Paolini garde le silence. Il raccompagne poliment son visiteur, comme on reconduit à la porte d'un café un homme ivre capable de créer un scandale. Non sans prévenir Martin Bouygues du double conflit qui oppose le patron de la chaîne Histoire à son fils et à sa collaboratrice.

Bouygues et Paolini se montrent très contrariés par l'affaire. Loin de trouver un moyen de se débarrasser de Patrick Buisson, ils devinent au contraire une querelle qui les dépasse. Il ne s'agit pas d'une banale mésentente, mais bien d'un conflit d'une violence inouïe, d'une bombe à retardement, se disent-ils, dont ils ne peuvent imaginer l'ampleur des déflagrations. Prudemment, Nonce Paolini ne tient pas Patrick Buisson au courant de la visite de son fils. Mais rien ne reste longtemps secret dans la tour TF1.

« Tu as reçu mon fils sans me prévenir ? Comment as-tu pu faire ça ? hurle le conseiller présidentiel à Paolini en apprenant l'existence de la rencontre. Il est fragile, malade des nerfs, manipulé, il dit n'importe quoi ! » Il appelle également Martin Bouygues : « C'est une honte que Paolini ait accepté de recevoir Georges. Chacun sait que ce garçon est dépressif ! » Rien ne semble pouvoir le calmer. Sa colère redouble lorsque, par la suite, le propriétaire de TF1 le fuit en évitant ses appels. « Il refuse de décrocher ! » enrage Buisson.

Hormis l'état-major du groupe, la plupart des salariés ignorent à quel point les liens entre les Buisson se sont délités. Ils ne tardent pas à prendre la mesure du conflit. Un lundi après-midi, quelques jours avant Noël, au 5e étage de l'aile nord de la tour TF1, des éclats de voix s'échappent du bureau de Patrick Buisson. Certains pensent d'abord qu'il s'agit d'une simple dispute au sujet d'un film, un conflit sur un détail du montage, comme le tatillon patron de la chaîne Histoire en connaît si souvent avec ses collaborateurs. Lorsqu'ils aperçoivent à travers les vitres le père empoigner son fils par le col, ils comprennent que l'heure est grave. Une bagarre au vu et au su de tout le monde : la scène reste à jamais gravée dans les mémoires des salariés de TF1.

« Escroc ! Escroc ! Tu finiras en taule ! » Un cendrier vole sur la moquette. Pauline de Préval appelle le chef de la sécurité du groupe TF1. Un agent arrive. Le pugilat prend fin.

Lorsqu'il revient deux heures plus tard dans les locaux, Patrick Buisson demeure très agité. Le lendemain, il convoque ses collaborateurs un par un pour leur dire que « Georges ne va pas très bien », mais que tout va rentrer dans l'ordre.

Il est plus franc avec ses amis : « Georges, c'est comme pour toi avec ton fils », explique-t-il à Philippe de Villiers, dont le cadet Laurent a accusé son frère aîné de viol. « On n'est jamais autant trahi que par les siens. » Devant d'autres, Buisson joue les éternelles victimes : « Je me sacrifierai pour lui jusqu'au bout, même s'il me rejette. C'est mon sang. »

Voilà longtemps que la colère et la révolte grondent dans le cœur du fils humilié. Qu'il en a assez de courber l'échine, de rendre service, d'être traité comme un factotum, un stagiaire, alors que, actionnaire à 40 % de Publifact, il se retrouve dans une position délicate. La publication du fameux rapport de la Cour des comptes sur les sondages de l'Élysée, en juillet 2009, a fait naître ses premières inquiétudes. Il est d'autant plus préoccupé qu'il a paraphé un contrat litigieux avec la présidence. « Qu'est-ce que c'est que cette histoire ? s'est ému Nicolas Sarkozy. J'ai signé avec le père, pas avec le fils ! » Le président ne sait pas que Georges est le gérant de Publifact, une fonction dont il démissionne par prudence le 28 mai 2010. Il continue néanmoins à se rendre aux assemblées générales de la société, comme s'il n'était pas encore prêt à affronter le courroux paternel. Puis, de plus en plus effrayé à l'idée d'être poursuivi en justice dans l'affaire des sondages, il demande à son père de lui racheter ses parts pour lui permettre de sortir de la SARL.

Il se heurte à un mur. « Je n'ai pas à te donner d'argent. Tu n'as rien fait, tu n'as pas travaillé pour cette société », lui répond Patrick Buisson. En 2009, Georges avait perçu en son nom 400 000 euros de dividendes que son père lui avait ordonné de réinvestir dans deux SCI : l'une pour la maison des Sables-d'Olonne, l'autre pour son appartement parisien. Jusque dans les propriétés privées, le père et le fils sont inextricablement liés.

Tant que son père était le conseiller du prince, Georges rongeait son frein. La défaite de Nicolas Sarkozy lui a donné des ailes. Il tente une conciliation à l'amiable ; puis, comme si soudain « Buisson » lui faisait moins peur, il durcit le ton. Le 1er décembre 2012, quelques jours avant l'altercation, il se rend avec un huissier à l'assemblée générale de la société, chez son père, rue de Courcelles.

Il y a là son oncle Jean-Pierre, le frère aîné de Patrick, dont le nom apparaît aussi dans les entreprises familiales. Il décidera un peu plus tard. Également présent, Alain Renault, le complice de toujours, qui veille sur les montages juridiques et financiers des différentes structures avant que l'avocat Gilles-William Goldnadel ne s'en charge. Georges Buisson pose une série de questions sur la gestion de la société. Mais le patron de la chaîne Histoire ne daigne pas lui répondre. Georges décide alors d'attaquer Publifact au tribunal de commerce. Il réclame la nomination d'un expert qui puisse étudier tous les contrats de la société, notamment ceux qui concernent la présidence de la République et l'UMP. Il est débouté de ses demandes le 18 avril 2013, un jugement qui sera confirmé en appel le 5 juin 2014.

Un autre conflit vient l'opposer à Patrick Buisson. Georges, qui, à vingt-cinq ans, vivait encore chez son père, est tombé amoureux à l'orée des années 2000. Il a quitté la maison presque en cachette, pour se marier. Un choc. De son fils, Patrick Buisson savait tout. Il l'a regardé grandir, a filmé tous ses premiers gazouillis, les premiers Noëls, les premiers anniversaires. Quel bon père ! se disaient ceux qui observaient cet homme attentionné, sans comprendre que la vie de Georges était devenue une prison.

Quand il apprend que Georges lui a caché ses amours, il se sent trahi. Son fils, qu'il tenait dans ses filets, y compris ceux de ses sociétés, lui échappe. À son cercle intime, il se vante un temps de le faire suivre.

Il est absent de la mairie, à Paris, en 2004, quand on célèbre les noces de son fils. Absent aussi à l'église du village d'où sa femme est originaire, à Madagascar. Une Malgache… Georges savait que son épouse ne serait pas du goût de ce paternel, un Buisson du Limousin. Peut-être même, qui sait, a-t-il choisi sa femme pour cela ?

Patrick Buisson refuse la compagnie de sa belle-fille. Pour parler d'elle, il n'a jamais un mot aimable. Son physique est passé au crible. Surtout, assure-t-il à ses convives, elle est « intéressée ». Elle en veut à l'argent de Georges, elle va l'ensorceler avec des rites vaudous. « Un jour, on va retrouver mon fils ligoté sur une plage à Madagascar… »

Même après le mariage, chaque tête-à-tête avec son fils reste une occasion de le persuader qu'il lui faut divorcer. « Je fais ça pour ton bien, martèle-t-il. Plus tard, tu me remercieras. » Les mêmes mots, ou presque, qu'il adresse depuis peu à Pauline de Préval.

Pendant que le père répète partout que son fils est un « faible », le fils se promène dans Paris avec ses dossiers sous le bras. Georges contacte Bruno Jeudy, alors rédacteur en chef du service politique du *Journal du dimanche*, mais aussi des journalistes de *Marianne* et du *Point.* Il tient à peine debout, parle de manière confuse. À tous, il répète qu'il a de quoi « faire tomber » son père – sans préciser de quoi il s'agit. Il n'est pas encore question des enregistrements qu'effectue Patrick

Buisson, et dont, comme Pauline de Préval, il n'ignore rien. Aux journalistes, Georges se contente de parler de « torture mentale ».

Il dénonce l'hypocrisie d'un homme, qui se dit catholique et n'a que versets bibliques à la bouche, mais se montre si peu chrétien et charitable dans la vie. Le journaliste Saïd Mahrane lui propose de rédiger une tribune dans les colonnes du *Point*. Intitulée « La religion du père, une histoire de paille et de poutre », elle est ampoulée, absconse et, à vrai dire, incompréhensible pour les profanes. Ses rares lecteurs n'en retiennent que deux choses : Patrick Buisson a un fils... qui n'aime pas beaucoup son papa.

Que de mal il s'est donné, pourtant, pour écrire ce texte ! Il est allé puiser la parabole de la paille et de la poutre dans le Nouveau Testament. Il a ajouté quelques propos sur l'individualisme de Mai 68 que son père vomit, mais dont il est, malgré lui, l'héritier. Il y passe tant d'heures qu'il ne parvient plus à tracer le point final. Jusque dans la revanche, il ressent le besoin d'être à la hauteur de l'érudition paternelle. Peine perdue : le texte passe totalement inaperçu.

Ce n'est qu'un an plus tard que les Français découvrent le visage de Georges. Le 10 mars 2014, il est l'invité du « Grand Journal » de Canal+. Il a choisi la rivale de TF1 pour crucifier son père en direct et, au passage, se poser en victime.

Quelques jours plus tôt, *Le Point* a révélé que le conseiller de l'ombre avait enregistré Nicolas Sarkozy à son insu, avec un dictaphone, pendant toute la durée du quinquennat : « Oui, je savais », lâche Georges, étrangement calme et posé, comme s'il vivait enfin une catharsis libératoire.

Il savait d'autant mieux que son père lui a demandé de numériser les bandes : Patrick Buisson ignorait comment copier les enregistements de son dictaphone sur un disque dur, c'était lui qui s'en chargeait. « Il m'a d'abord dit qu'il comptait écrire un livre sur la période », explique-t-il. Mais Georges n'a pas cru à ce « travail de mémorialiste ».

Un jour, son père lui avait en effet glissé quatre mots étranges au sujet des heures et des heures de cassettes qu'il devait copier : « Ça peut toujours servir. »

20

Figaro-ci, *Figaro*-là

« Si tu ne places pas Brézet, c'est simple, tu perds *Le Figaro* ! »

En cette fin juin 2012, Nicolas Sarkozy s'est évadé avec son épouse dans une luxueuse villa prêtée par le roi Mohammed VI, à Marrakech. Tennis, piscine, quad, lecture... Il a abandonné Paris, ses jeux politiques et les inévitables désaffections qui suivent une défaite ; il entame de longues vacances : Maroc, Québec, puis le sud de la France chez le fidèle Jean-Michel Goudard, avant le cap Nègre fin août.

Patrick Buisson, lui, affecte de ne jamais prendre de repos. Nicolas lui a bien proposé de le rejoindre dans le palais du roi du Maroc, mais il a décliné. Il garde un souvenir pénible des rares moments privés qu'il a partagés avec l'ancien président, comme ce dîner à l'Élysée avec l'acteur Jean Reno et les « Kouchner-Ockrent ». Pour rien au monde, il ne se retrouverait à nouveau dans pareille situation.

Au téléphone, l'ancien conseiller veut prévenir l'ex-chef de l'État : Christophe Barbier, le directeur de la rédaction de *L'Express*, tient la corde pour ravir la tête du *Figaro* à son concurrent, le patron du *Figaro Magazine* depuis sept ans, Alexis Brézet. Un enjeu de taille, pour Patrick Buisson, qui suit l'affaire comme le lait sur le feu. La succession à la tête du quotidien conservateur – comme celle concernant la direction de *Valeurs actuelles* – occupe ses journées.

Nicolas Sarkozy a quitté l'Élysée, mais doit absolument se préparer dès aujourd'hui à 2017, estime le conseiller. Le quotidien de la droite est un rouage majeur dans le scénario du retour gagnant qu'il rêve d'écrire. Pour l'idéologue, *Le Figaro* participe au projet de remise à niveau de la France. Sur les valeurs, la morale, l'immigration, la procréation médicalement assistée, et surtout les consignes de vote si le Front national se hissait au second tour, le bon candidat, c'est Alexis Brézet. C'est avec lui qu'il veut travailler.

Pendant cinq ans, il n'a eu qu'à se féliciter de son duo avec Étienne Mougeotte. Arrivé après la victoire de Nicolas Sarkozy à la tête du magazine, propulsé un an après à celle du quotidien, l'ancien présentateur vedette d'Europe 1, qu'il a rencontré à LCI et appris à connaître à la tour TF1 durant la campagne de 2007, s'est montré un patron très au goût de l'ancien président. Le parachutage n'avait pas été simple. La rédaction, attachée à Nicolas Beytout, avait trouvé un peu cavalière cette nomination politique d'un homme né en 1940, sans expérience dans la presse écrite, à l'heure où les médias devaient s'adapter au numérique et prendre le virage des médias en ligne.

Étienne Mougeotte s'était abstenu de couper des têtes, se contentant de mettre en garde les journalistes du service politique sur l'ombre qu'ils pourraient jeter sur son champion. « Dis donc, l'ami Fillon, il est sympathique, mais ce n'est pas ça quand même, il n'a pas le feu sacré », susurre-t-il ainsi à Bruno Jeudy, en charge de Matignon. À l'été 2010, les confidences du Premier ministre, qui prend pour la première fois ses distances avec Nicolas Sarkozy en expliquant qu'il y a une vie après celle de chef du gouvernement – un véritable scoop –, ne figurent pas en première page.

Très rares sont ceux qui imaginent ce qui se passe et se dit alors dans l'intimité du bureau d'Étienne Mougeotte. « Allô, Patrick ? » Tous les jours, ou presque, dimanche compris, le directeur des rédactions est pendu au téléphone avec son ancien collègue de TF1. Parfois, la conversation dure à peine deux minutes ; d'autres fois, elle s'éternise.

C'est Patrick Buisson qui explique ce que dit « Sarko », ce que pense « Sarko », ce que veut faire « Sarko », ceux que le président tolère et ceux qu'il méprise. Mais Patrick Buisson suggère aussi ce qu'il faut monter en une, ce qui importe ou pas. Titraille, têtières, éditos et parfois même photos : de son portable, le conseiller essaie de jouer, à distance, les rédacteurs en chef du *Figaro*.

Le samedi 26 février 2011, il pleut sur la Lanterne, le pavillon de chasse de Versailles dont le couple Sarkozy a fait sa résidence de week-end. Nicolas Sarkozy a décidé depuis plusieurs jours de se débarrasser de sa ministre des Affaires étrangères, Michèle Alliot-Marie, qui s'est empêtrée dans des affaires immobilières tunisiennes, et de son ministre de l'Intérieur, Brice Hortefeux, dont les résultats en matière de sécurité ne sont pas convaincants. Il l'annoncera de manière solennelle le lendemain, à 20 heures, sur TF1. Mission difficile. Comment expliquer aux Français que les ministres qu'il a choisis, deux caciques de l'UMP, dont un ami personnel, ne font pas l'affaire ?

Jean-Michel Goudard, Pierre Giacometti, Henri Guaino et Claude Guéant sont venus de Paris, comme Patrick Buisson, que Franck Louvrier est passé prendre en voiture. Sarkozy est parti « faire son sport », une heure de jogging dans les allées, malgré le mauvais temps. Très vite, on s'accorde pour faire porter le chapeau de cette valse ministérielle aux révolutions arabes qui battent leur plein dans les pays du Maghreb. Pas évident à faire avaler, mais à Buisson, rien d'impossible. « La situation internationale nous permet de tenter une opération politique dictée par les événements. Elle est opportuniste mais en rien artificielle », insiste-t-il.

La discussion prend fin quand son téléphone portable vibre. « Allô Étienne, est-ce que tu me laisses cinq minutes, j'te rappelle, et je vais te donner des choses. T'entends ? En exclusivité. Allez, à tout de suite. »

Étienne Mougeotte et « Patrick » s'appellent par leurs prénoms et se tutoient librement. La réunion terminée, le conseiller du président rappelle « Étienne », comme promis. En journaliste qu'il est, il connaît les contraintes des quotidiens et sait que *Le Figaro* doit boucler sa une tôt le dimanche soir. Buisson explique à son interlocuteur le sens d'un remaniement qui tient aux révolutions arabes et au « péril imminent qu'elles font courir à la France ». « On remplace les ministres parce qu'il y a une situation dans les pays du monde arabe extraordinairement troublée, on ne les remplace que parce que, comme Michèle Alliot-Marie, ils ont été l'objet d'attaques de la part de la gauche. » Fermez le ban.

Alors que le directeur du *Monde*, Érik Izraelewicz, prend la plume pour expliquer à ses lecteurs que « les révoltes arabes sont utilisées aujourd'hui par le chef de l'État pour une vaste opération de politique intérieure », *Le Figaro* reprend mot pour mot les éléments de langage livrés par Patrick Buisson au téléphone. « Stratégie de Sarkozy face aux défis du monde arabe », titre en une sur quatre colonnes le quotidien. Étienne Mougeotte prend lui-même la plume pour signer l'édito. En page deux, un papier « diplo » explique que le remaniement est « l'occasion aussi de mettre en garde face aux flux migratoires » et de « relancer l'Union pour la Méditerranée ».

Le journal n'ose pas faire référence au *Camp des Saints*, un roman d'anticipation où, en 1973, Jean Raspail imaginait le débarquement par bateaux entiers d'Africains sur la Côte d'Azur – et dont Buisson a rappelé à Franck Louvrier, dans la voiture, qu'on avait eu la bonne idée de le rééditer quelques mois plus tôt. Mais le reste y est.

Ce que le patron du *Figaro* ignore, ce sont les mots dont use Patrick Buisson lorsqu'il raccroche. Devant ses convives, Chez Francis, au Petrus, au Cardinal ou ailleurs, il appelle Mougeotte son « chien couchant ». Un surnom réservé aux hommes de flatteries et de soumissions. Une référence à Aragon et à ses « chiens couchants du capitalisme », que seul le cercle intime de ses amis cultivés, de droite comme d'extrême gauche, peut comprendre. Une manière enfin de se pousser du col, comme toujours, et de dire que le docile « Étienne » est une courroie de transmission commode.

Ce n'est pas la seule façon qu'a Patrick Buisson d'exercer son influence sur le quotidien. Celle-ci passe aussi par les sondages. Et notamment ceux d'OpinionWay, un organisme dirigé par Hugues Cazenave. Ce quadragénaire avenant et bon vivant est un libéral proche des léotardiens, comme Antoine Cassan, l'ancien rédacteur en chef du *Journal des républicains* devenu le complice de Buisson depuis *Minute*. Cazenave a notamment été chargé de mission au cabinet de Gérard Longuet. On le voyait à LCI, sur les plateaux de « Politiquement show », on le trouve aussi parmi les actionnaires de Politique Opinion, la SARL de presse que Buisson a montée aux côtés des sondeurs Philippe Méchet, Romain Pache, Stéphane Rozès et Jérôme Sainte-Marie. À l'époque – du moins sur les procès-verbaux des assemblées générales –, la petite bande se réunissait rue Pierre-Demours, dans le XVIIe arrondissement, au domicile du « patron ».

Créé en mars 2000, OpinionWay est épinglé dès la campagne de 2007 par *Le Canard enchaîné*, qui met en doute son impartialité. Une critique reprise par l'ancienne candidate socialiste à la présidentielle Ségolène Royal, qui accuse dans son livre *Ma plus belle histoire, c'est vous* plusieurs instituts de sondage, dont OpinionWay, d'avoir été « particulièrement zélés » avec Nicolas Sarkozy. La société de Hugues Cazenave, qui compte 58 collaborateurs et déclarait 11 millions d'euros de chiffre d'affaires en 2013, devient en tout cas, à partir de 2007, l'institut fétiche du *Figaro* et de LCI.

OpinionWay, *Le Figaro* et LCI sont partenaires de 2007 à 2010 d'un « Politoscope », puis, durant la campagne de 2012, d'un « baromètre présidentiel ». Ils s'associent également pour des études sur les « événements marquants de la semaine », censées dévoiler les sujets de conversation favoris des Français. Patrick Buisson raffole de ces sondages qualitatifs dont il trie les chiffres et tire habilement les enseignements utiles pour faire avancer ses thèses auprès du président. Il se félicite devant ses proches que *Le Figaro* et LCI ne fassent guère d'histoires pour présenter les études dans le sens qui lui convient. Après les prestations télévisées de Nicolas Sarkozy, des analyses sont commandées qui expliquent en général que le chef de l'État a été bon, surtout quand il a repris les idées de son conseiller caché.

Les dents commencent à grincer au sein de la rédaction. Certains se demandent à voix basse pourquoi les questionnaires, réalisés auprès d'un échantillon de tous les Français, et pas seulement de téléspectateurs, viennent toujours opportunément balancer, à la radio ou ailleurs, les critiques qui pourraient toucher le président. La multiplication, à la une, de titres contre François Hollande en préoccupe plus d'un : le candidat socialiste dénonce d'ailleurs la campagne de « discrédit » que mène, selon lui, *Le Figaro*, et fait savoir qu'il ne lui accordera pas d'interview. Les journalistes du quotidien s'inquiètent pour leur crédibilité.

D'autant que, quelques mois plus tôt, en août 2011, *Le Monde* a révélé l'existence d'un club de soutien à Nicolas Sarkozy emmené par le président de Vivendi, Jean-René Fourtou. Parmi ses membres, aux côtés des journalistes Gérard Carreyrou et Charles Villeneuve, d'Alain Carignon et du patron de BNP-Paribas Michel Pébereau : Étienne Mougeotte… Fait rare dans cette vieille maison, la société des rédacteurs se saisit de l'affaire dans un communiqué. Le patron du *Figaro* est fragilisé.

Hollande élu, Mougeotte s'en va. Deux candidats sont donc en lice pour prendre sa succession. Christophe Barbier, d'abord. Avec Buisson, le courant est vite passé. Il était d'ailleurs présent à la remise de sa Légion d'honneur en 2007. Le journaliste dispose d'une solide culture, connaît lui aussi sa carte électorale sur le bout des doigts, ne pratique aucun ostracisme et, *last but not least*, est un fou de théâtre, d'opérette et de music-hall, comme Patrick Buisson. Une complicité qui a rapproché Barbier – un ami de Carla Bruni, qui lui a offert sa fameuse écharpe rouge – de Nicolas Sarkozy.

Un épisode avait marqué le patron de *L'Express*, au début du quinquennat. C'était en mars 2008. Après le départ de Mougeotte au *Figaro*, justement, TF1 se cherche un nouveau directeur des rédactions. Christophe Barbier est convoqué un samedi matin dans les appartements élyséens. « Martin me demande ce qu'on pourrait faire, pour TF1... Mougeotte est parti, Namias aussi... Est-ce que ça te dirait ?... » Dans la pièce, le jeune Louis consulte sa collection de timbres. On a servi des toasts, et Christophe Barbier découvre, les yeux écarquillés, que le caviar qu'on y dépose porte la marque du groupe « Bouygues ».

La proposition reste sans suite, et c'est Jean-Claude Dassier qui prendra finalement la direction de l'information de la chaîne. Mais, en sortant du palais de l'Élysée, le journaliste a la conviction que Patrick Buisson, avec qui il déjeune régulièrement Chez Francis, place de l'Alma, n'était pas pour rien dans ce rendez-vous.

En 2012, Christophe Barbier tente donc sa chance pour *Le Figaro*. Il compte deux amis dans la place. Marc Feuillée, d'abord. Un ancien homme de Dassault devenu administrateur puis patron de *L'Express* avant d'être débauché comme directeur général du groupe *Le Figaro*. Rudi Roussillon, ensuite : le conseiller pour la presse du groupe Dassault vient de présider deux ans le groupe *L'Express-Expansion*. Barbier est convoqué dans l'hôtel particulier de Serge Dassault. « Pourquoi porte-t-il une écharpe rouge ? » s'amuse le vieil industriel sur un petit papier qu'il glisse discrètement à son collaborateur Charles Edelstenne. L'entretien se passe néanmoins sans accrocs.

Dans Paris, en ce début d'été 2012, il se murmure que Barbier tient la corde. C'est ce que pense aussi le patron de *L'Express*. Comment pourrait-il imaginer que Patrick Buisson joue double jeu ? Qu'un autre candidat a sa préférence, et que, pris de panique par la rumeur qui enfle dans la capitale, il a décroché son téléphone pour alerter « Nicolas » et faire nommer son favori, Alexis Brézet ?

21

Patrocle de Bièvres

Alexis Brézet est un presque quinquagénaire aimable, épaisse mèche grise rangée au-dessus de costumes de bonne coupe. Il s'exprime avec aisance dans un français châtié. C'est un garçon de bonne compagnie, pas bling-bling pour un sou, qui habite comme Patrick Buisson dans ces quartiers tranquilles du XVIIe, d'où il s'évade le week-end en Normandie. C'est aussi un homme qui ne laisse jamais paraître les faux plis de son passé.

Rares sont ceux qui, y compris dans le bel immeuble haussmannien du *Figaro*, au coin des Grands Boulevards parisiens, connaissent réellement le nouveau patron du journal.

Alexis Brézet est un homme à tiroirs. Ni un polémiste ni un discoureur, même s'il prend plaisir à aller croiser le fer avec ses collègues de l'*Obs* sur La Chaîne parlementaire. Comme Patrick Buisson ou Guillaume Peltier, il rêve de voir l'UMP dévorer le Front national. C'est un adversaire des 35 heures et du mariage pour tous. On sait moins qu'il est farouchement hostile à l'avortement.

Sa pensée, on l'a longtemps trouvée ramassée dans ces fameux billets du *Figaro Magazine* qui, le samedi, ravissaient Serge Dassault. « Bravo pour votre éditorial. Il est très bien, très clair », félicitait-il chaque week-end en composant le numéro de Brézet. Le patron du groupe n'épluche pas le quotidien page par page, sauf le cahier saumon consacré à l'économie. Mais ce qu'écrit depuis 2007 dans le *Fig'Mag* ce garçon aux idées claires lui convient parfaitement.

Alexis Brézet se trouvait place de la Concorde, en famille, pour l'un des derniers grands meetings de Nicolas Sarkozy avant sa défaite, en 2012. L'un des rares engagements publics de cet homme qui n'a jamais été encarté. Fils d'une famille d'officiers toulousains, marié à une femme d'origine pied-noir et très antigaulliste, Alexis Brézet n'a jamais fréquenté les chapelles syndicales étudiantes ni les clubs de penseurs où l'on parfait son carnet d'adresses. C'est un adepte de la droite « décomplexée » et « sans tabou », comme on dit depuis que Patrick Buisson conseille Nicolas Sarkozy, sans les excès et les rodomontades de ses polémistes ou pamphlétaires maison. « Alexis, c'est moi en sage », s'amuse souvent son collègue Éric Zemmour.

Une fois, une seule, un journaliste du *Figaro* se souvient de l'avoir aperçu exulter derrière la vitre d'un bureau : le jour de l'élection du cardinal Ratzinger, qui venait de devenir Benoît XVI. À quelle joie libératoire s'était-il abandonné en apprenant l'élection de ce nouveau pape, qui allait tirer, pensait-il, l'Église des mains des plus progressistes ! Comme il avait été heureux, aussi, lorsque Patrick Buisson l'avait convié, en 2010, à la remise de Légion d'honneur de Mgr Thévenin, cet archevêque de la très « tradi » communauté Saint-Martin. Davantage, peut-être, que trois ans plus tôt, pour la décoration par le président Sarkozy de Patrick Buisson lui-même, son ancien collègue de *Valeurs actuelles*.

C'est là, dans les coulisses de l'hebdomadaire installé alors à Clichy, que les deux hommes se sont connus, au milieu des années 1980. « Mon ancien stagiaire », dit « Patrick » en parlant d'« Alexis », comme il disait de David Pujadas : « Je l'ai vu en culottes courtes. »

Jeune diplômé de Sciences Po, Brézet est embauché à *Valeurs* en 1987, sur recommandation d'Alain Peyrefitte, qui l'a remarqué. Il croise en arrivant la grande silhouette de Patrick Buisson, qui a justement trouvé refuge dans l'hebdomadaire, après son éviction manu militari de *Minute*, quelques mois plus tôt.

Raymond Bourgine lui a ouvert la porte du journal. Un personnage original et rieur, métis né à Madagascar, que Jean-Marie Le Pen, dont il était proche, appelait le « sang-mêlé ». À vingt-trois ans, il dirige la rédaction d'*Aux écoutes de la finance*, fondé après le krach de 1929. En 1956, il le rachète à son propriétaire, le rebaptise *Finance* et lui donne cette devise : « L'hebdomadaire de la droite intelligente et capitaliste ». Dix ans plus tard, il se transforme en *Valeurs actuelles* et rejoint le titre à succès *Spectacles du monde* dans le prospère groupe Valmonde.

Fou d'histoire et curieux de tout, Bourgine lisait au réveil le *Wall Street Journal* et *Libé*, commentait en conférence de rédaction les émissions de télévision qu'il avait regardées la veille et rapportait les propos des politiques (de tous bords) avec lesquels il avait dîné. Car ce tenant de la droite libérale longtemps franc-maçon n'était pas sectaire : nostalgique d'Antoine Pinay, inconditionnel de Jacques Chirac mais pro-Algérie française, prêt à dénoncer le faux libéralisme de Giscard, à appeler à voter Mitterrand en 1981, ou à saluer le courage de Le Pen lorsqu'il invoquait les problèmes de l'immigration, capable de faire cohabiter dans sa rédaction Lucien Rebatet, le sulfureux auteur des *Décombres*, qui écrivit à *Valeurs* jusqu'en 1972, avec quelques anars ou des gaullistes sociaux.

À Bourgine, Buisson vend d'abord une bonne opération commerciale. Les vingt-deux Régions sont tenues par la droite. Une aubaine dont il faut profiter, explique-t-il. Il suggère d'encarter dans *Valeurs* des suppléments régionaux ou départementaux. Sous une fausse couverture. Ces « close-up », comme il les appelle, exposeront les enjeux électoraux, mais aussi les projets et réalisations industriels ou culturels de la Région. En retour, explique encore l'ancien directeur de *Minute*, les publicités de ces acteurs locaux feront gagner beaucoup d'argent à l'hebdomadaire. Banco pour ces vrais-faux publireportages politiques. Le patron de *Valeurs* ne pose qu'une condition : Buisson doit accepter de rejoindre le journal comme collaborateur de base et ne pas « signer » pendant quelque temps. *Valeurs* ne doit pas apparaître comme la cellule de blanchiment d'un banni de *Minute*.

Buisson se fait d'abord discret, laissant la vedette à Bourgine, qui emballe chaque semaine la petite assemblée de ses numéros brillants. La parenthèse ne dure guère plus de six mois. Très vite, comme à *Minute*, le journaliste se fait remarquer par sa connaissance de la science électorale (la carte des circonscriptions n'a aucun secret pour lui, même celle d'avant 1930) et ce talent des gens qui savent formuler ce que d'autres ont du mal à énoncer. Parfois, pendant les soirées électorales, heureux d'avoir renoué avec le métier, Patrick Buisson se laisse même aller à une certaine gaieté.

Il reprend bientôt sa plume, toujours dans le même but : pousser à l'union des droites, du RPR au jeune Front national. On le voit dans les couloirs, l'oreille vissée à l'un des premiers téléphones sans fil, appelant bien haut « Jean-Marie ».

Dans l'entre-deux-tours de la présidentielle de 1988, il décroche une interview remarquée de Charles Pasqua, qui évoque « les valeurs communes » pour attirer les électeurs frontistes vers le candidat Jacques Chirac. Il incite le député RPR battu Yvan Blot, qui rejoint le Front national un an après, à se prononcer pour un accord général entre la droite et l'extrême droite.

Devenu chef du service politique puis patron de la rédaction, Patrick Buisson envoie ses protégés raconter que, à la base et sur le terrain, les électeurs de droite comme ceux du FN ont, somme toute, les mêmes aspirations.

Comme à *Minute*, il fascine et divise. Il s'adjoint une jeune garde entièrement dévouée, dont Brézet est l'un des plus zélés. Quand il entre dans le bureau de « Patrick » pour lui demander conseil ou avis, il semble s'agenouiller, se moquent ses collègues plus âgés. Malgré son jeune âge, sa plume est déjà mûre. C'est la raison pour laquelle le journal lui confie le feuilleton vedette de *Valeurs*, celui qui fait sa gloire depuis que Bourgine l'a imaginé : « La lettre de M. de Rastignac ». Une saga néo-balzacienne qui puise ses surnoms dans *La Comédie humaine* et plonge chaque semaine dans les antichambres du pouvoir pour raconter jeux et influences des conseillers, épouses et autres visiteurs du soir.

Alexis Brézet se délecte de cet exercice d'un autre âge, qu'il continuera quelque temps lorsqu'il prendra la tête du *Figaro Magazine*, en novembre 2007. Le seul livre qu'on lui connaisse, quoiqu'il ne l'ait pas signé, est un *Dictionnaire Rastignac*, qui rassemble son œuvre anonyme. Dans l'introduction, on peut y lire ces quelques lignes en forme d'autoportrait : « Eugène de Rastignac n'a jamais prétendu être un esprit tiède ni un tempérament du juste milieu. Attaché aux vertus de l'ancienne France, il penche du côté du trône et de l'autel. » Sur la couverture cartonnée, le dessinateur a donné au conquérant des *Illusions perdues* les traits du jeune Alexis.

En réalité, Brézet écrit aussi pour d'autres. Patrick Buisson l'a mis en contact avec Jean-Marie Le Chevallier, député européen du Front national depuis 1984. Le journaliste va devenir son nègre et rédiger en 1989 un opuscule de 120 pages, *Immigration en Europe : attention danger*, que le futur maire de Toulon publie aux éditions du Front national. On y trouve quelques obsessions du directeur de cabinet de Jean-Marie Le Pen, comme l'« invasion noire » et la « perte de vitalité physique et morale de la France ». Mais aussi quelques-unes des marottes du journaliste, telle cette loi Veil sur l'avortement qui « autorise le remboursement du génocide intra-utérin par la Sécurité sociale », et qu'il faut abroger au plus vite.

Raymond Bourgine meurt en novembre 1990. L'église de la Madeleine est pleine : deux ministres du gouvernement de Michel Rocard – André Méric et Georges Sarre –, Jacques Chirac, Michel Debré, Alain Juppé, Charles Pasqua, Gérard Longuet ou Marie-France Stirbois se recueillent devant son cercueil. Et François d'Orcival, bien sûr. Entré à *Valeurs actuelles* en 1968, cet ancien de la FEN, mouvement étudiant d'extrême droite, est un grand bourgeois orléaniste, un brin précieux, qui ne refuse pas, à l'occasion, de flirter avec la ligne bonapartiste la plus dure. Il a toujours rêvé d'entrer à l'Académie française, mais a dû se contenter de l'Académie des sciences morales et politiques. C'est « François-d'Orcival-de-l'Institut » que Bourgine a choisi comme héritier et successeur avant de mourir.

De nouveaux actionnaires arrivent en 1993, notamment Marc Ladreit de Lacharrière. L'ancien vice-président de L'Oréal est déjà propriétaire d'un groupe d'édition. Le groupe

Valmonde devient sa propriété avant de tomber en 2006 dans l'escarcelle du groupe Dassault, puis du groupe Pierre Fabre.

Grand bourgeois « rad-soc », homme de réseaux parisiens, Ladreit souhaite « recentrer » le journal. La secrétaire générale du groupe, Magdeleine Anglade, ancienne sénatrice de Paris et maire adjointe de Jacques Chirac, amie intime de Bourgine, a pour sa part Patrick Buisson en ligne de mire. Elle se méfie de sa façon de mélanger journalisme et affaires, via sa société Publifact, et trouve ses idées extrêmes. De bonnes âmes au sein de la rédaction lui ont raconté que le journaliste est allé animer en Italie un meeting de l'Eurodroite où se côtoyaient, à la tribune, Jean-Marie Le Pen et des néo-fascistes grecs. On dit qu'il veut prendre la place de d'Orcival. Buisson est prié de s'en aller.

Il négocie pied à pied de lourdes indemnités. « Ladreit, ça vient de *ladre*, c'est ça ? » l'entend-on persifler dans les couloirs. Ou encore, loin des oreilles du nouveau président du directoire : « D'Orcival n'a pas fait l'ENA, il a passé sa vie à passer les plats. Il a toujours hésité entre l'école de journalisme et l'école hôtelière. » Singulière capacité de Buisson à se brouiller avec les hommes… avant, au gré des aléas politiques, de se réconcilier avec eux en usant des mêmes mots : « Je crois que je me suis trompé sur toi. »

Jamais de fâcheries, en revanche, avec Alexis Brézet. Seuls de rares initiés décèlent dans son arrivée à la tête du *Figaro*, au cœur de l'été 2012, le triomphe d'une petite équipe qui œuvre pour faire avancer les valeurs chères à Patrick Buisson. Brézet a gravi tous les échelons de la profession sans détour par la télévision : l'antithèse de Mougeotte, star du petit écran, mais aussi bien plus européen et libéral que lui. Le nouveau patron du *Figaro* est un homme de fidélités, et fait d'ailleurs revenir du monde autour de lui.

Guillaume Roquette quitte la direction de la rédaction de *Valeurs* pour succéder à Brézet au *Figaro Magazine*. Guillaume Tabard, fervent catholique qui a longtemps été séduit par Christine Boutin, ancien de *La Croix* et du *Figaro*, part des *Échos* pour le rejoindre. Un autre garçon, beaucoup plus jeune, joue un rôle stratégique dans le dispositif. C'est un protégé du patron de la chaîne Histoire. Il s'appelle Vincent Trémolet de Villers.

Son père, Jacques, que Patrick Buisson invite à la projection de ses films, est un avocat monarchiste qui a défendu le milicien Paul Touvier et a participé, avec Jean-Marie Le Pen, à la campagne de Jean-Louis Tixier-Vignancour, en 1965 – première sortie, pour l'extrême droite, des catacombes de la guerre. Le « fils de », comme l'appelle avec une forme de révérence

Radio Courtoisie lorsqu'elle le reçoit, a eu un temps l'envie de se lancer en politique. Ami de longue date de Guillaume Peltier, il a finalement choisi le journalisme et travaillé dans l'ombre de Michel De Jaeghere, un fidèle du catholique intégriste Mgr Lefebvre, passé de *Valeurs actuelles* aux hors série du *Figaro*. En 2013, Vincent Trémolet de Villers quitte les soupentes des suppléments du quotidien pour diriger FigaroVox, ce site de débats imaginé en 2014 par Brézet et Buisson, et dont le succès est immédiat. Une rampe de lancement rêvée pour les pousses de la droite « identitaire », comme Éric Zemmour, François-Xavier Bellamy, grand pourfendeur de l'Éducation nationale, ou Christophe Guilluy, l'auteur de *La France périphérique*.

Ce même été 2012, Patrick Buisson suit aussi de près la succession de Guillaume Roquette à *Valeurs actuelles*. Il pense à Guillaume Tabard, un homme qui collera avec la ligne conservatrice catholique de l'hebdomadaire, mais celui-ci refuse. L'ancien conseiller de Nicolas Sarkozy a alors une autre idée. Il ne connaît pas personnellement son auteur, mais le blog ultradroitier d'Ivan Rioufol connaît un gros succès sur le Net. Au cœur de l'été, il prend son téléphone. « Ivan Rioufol ? Je dois vous voir de la part du président. »

Le journaliste du *Figaro* se repose dans sa maison de l'île d'Yeu. Rendez-vous est pris plage de la Fromentine, à quatre cents mètres de l'embarcadère, à quelques encablures des Sables-d'Olonne, où Patrick Buisson passe chaque été ses vacances. Les deux hommes se retrouvent en tenue de ville au milieu des estivants alanguis et en maillot. « Le président souhaite que vous preniez la tête de *Valeurs actuelles* », explique l'idéologue au polémiste. Rioufol accepte le rendez-vous avec le groupe Fabre, mais n'est guère intéressé. C'est Yves de Kerdrel, un journaliste économique qui a fait ses classes au *Figaro*, que choisissent finalement les actionnaires du journal *Valeurs*.

Qu'importe au fond pour Buisson. L'essentiel est préservé. Depuis la défaite sarkozyste, des chroniques ont été généreusement accordées à son cercle rapproché : son fidèle Camille Pascal, qui, faveur insigne, a droit à son portrait en pied pour illustrer son billet, « l'ami » Jean-Claude Dassier, ainsi que Gilles-William Goldnadel, qui veille aux intérêts de l'ex-conseiller.

Mais il y a mieux : Brézet parti, la « Lettre de M. de Rastignac », si stratégique en ces temps de turbulences, a été confiée à un autre homme sûr, Vincent Trémolet de Villers, qui veille jalousement à la réputation de Patrocle de Bièvres, alias Patrick Buisson.

Chaque semaine, *Valeurs* parfait la statue de cet homme « habilissime », « passé maître dans l'art de sonder les reins et les cœurs » : les lecteurs reconnaissent le « visage de procurateur romain » de Patrocle, « sa passion pour le trône et l'autel », « son éloquence si particulière qui donne au moindre de ses propos une autorité implacable ». Buisson respire. À *Valeurs*, au cœur de son ancienne famille, tout, au moins, est sous contrôle.

22

Émois à Monaco

Nicolas Sarkozy et son épouse ont réservé une suite à l'hôtel de Paris, un palace somptueux de Monaco. Des chambres élégantes et moelleuses, un spa et un restaurant tenu par Alain Ducasse, à deux heures de Paris en avion. Carla Bruni y a séjourné en décembre 2013 lors d'une de ses tournées ; Nicolas Sarkozy était venu la rejoindre au Buddha Bar, ils avaient déjeuné le lendemain à l'établissement de Paris. Carla avait trouvé la cure hebdomadaire que propose l'hôtel dans ses thermes marins « formidable » : soins anti-âge, détox, minceur. Les voilà donc à Monaco, en compagnie de leur petite fille. Une semaine de remise en forme et de repos.

Le téléphone sonne juste après le déjeuner, ce 25 février 2014 : Thierry Herzog s'annonce pour le soir. En général, l'avocat ne s'invite pas pour rien. L'ancien président apprécie – comme Carla – la présence de cet homme drôle et chaleureux, souriant et bon vivant, qui adore, comme eux, la variété française et ne se prend jamais au sérieux.

Me Herzog a appelé le président sur son téléphone secret, cette fameuse ligne ouverte au nom de « Paul Bismuth » et qui leur sert, pensent-ils, à communiquer en toute sécurité, puisque leurs lignes officielles sont écoutées. L'avocat ne le sait pas encore, mais ce portable dédié est lui aussi « repéré » par les juges depuis le 28 janvier. Pas une miette de leur conversation ne se perd. Si Herzog rejoint Nicolas Sarkozy à Monaco, n'est-ce pas pour y parler de Gilbert Azibert, ce magistrat à la Cour de cassation soupçonné d'informer l'ancien président sur les procédures judiciaires en cours, en échange d'un coup de main pour un poste au sein de la principauté ?

Le pénaliste semble pressé. Dans l'après-midi, il a appelé Air France pour réserver une place sur la Navette. Me Herzog se rend très souvent sur la Riviera. Il a épousé la fille de Nicole Rubi, la propriétaire de la Petite Maison, un établissement niçois réputé dans lequel Sarkozy a ses habitudes depuis des années. Un repaire de la politique et du show-biz, du chanteur Bono à Elton John, où l'on déguste des pâtes à la langouste, le tout arrosé de champagne que la patronne, joviale et attentive, verse sans mégoter.

À peine débarqué à l'aéroport, Thierry Herzog s'engouffre dans un taxi, direction Monaco. Pendus à leurs enregistreurs, les policiers ont fait « borner » son téléphone à Nice. Ils en sont sûrs, le pénaliste va prévenir Nicolas Sarkozy que le portable « Bismuth » est « mort » – qu'ils sont découverts, en somme. Ils n'imaginent pas qu'une autre affaire préoccupe aussi l'avocat de Nicolas Sarkozy.

Le dîner a lieu dans la suite. Carla est encore sous sa douche quand l'ami avocat débarque dans la chambre. « Ça va, mon frère ? » l'accueille l'ex-président, comme à son habitude. Le pénaliste a la mine grave et l'air contrarié. Pendant que la chanteuse s'attarde dans la salle de bain, il baisse la voix pour prévenir son client et ami :

« J'ai déjeuné à midi avec un journaliste. *Le Canard enchaîné* et Atlantico vont sortir les enregistrements de Patrick Buisson à l'Élysée.

– Il enregistrait quoi ? » demande Sarkozy, toujours incrédule, malgré l'écho du *Point* qui, quelques jours auparavant, annonçait l'inimaginable.

L'ancien président avait alors appelé son ex-conseiller, qui lui a juré qu'il ne s'agissait là que d'une « intox ». Un coup de Franz-Olivier Giesbert, le patron de l'hebdomadaire, avec lequel Nicolas Sarkozy est en délicatesse, avait ajouté Buisson. « Si tu me mens, je ne te reverrai plus jamais ! » lui avait répondu l'ancien président, glacial, avant de raccrocher.

« Il enregistrait tout, tout le temps, raconte Me Herzog dans la suite de l'hôtel de Paris. Il y a aussi des phrases sur Carla qui sont terribles. Il la fait passer pour une cruche. Est-ce qu'il faut lui dire ? interroge l'avocat en profitant de l'absence de la chanteuse.

– Bien sûr. Il faut lui dire, on doit la prévenir.

– Il y a aussi le reste, poursuit Herzog, la mine blanche. D'après ce que je crois savoir, tu ne parles pas de secrets d'État, mais je préfère attaquer en diffamation.

– Attends avant de poursuivre ! Pourquoi attaquer s'il n'y a rien de grave ? Il ne faut pas se mettre en mauvaise posture. Attaquer, c'est montrer qu'on a peur. »

Herzog se rapproche de Nicolas Sarkozy :

« Écoute, Nicolas. J'ai une question de confiance à te poser. Il faut que tu me répondes. Il a enregistré aussi vos tête-à-tête. Réfléchis. Qu'est-ce que tu as pu lui dire ? Si tu lui as dit des choses qui te ruinent à jamais, si tu lui as dit pour rire que tu pourrais appeler à voter Marine Le Pen entre les deux tours, c'est cuit. Pas la peine de penser à te représenter. Tu peux aller vendre des oranges au marché tout de suite. »

Nicolas Sarkozy hésite encore à croire son avocat. Comment s'imaginer trahi par un conseiller avec lequel, depuis dix ans, il partage sa vie politique ? Comme les grands fiers et les grands amoureux, l'ancien président se drape dans le déni. Impensable. Inconcevable.

Il avait bien reçu quelques alertes, avant l'écho du *Point*. Mais il avait préféré ne pas les prendre au sérieux, quoique, depuis un moment, ses relations avec Patrick Buisson ne fussent plus placées sous le même sceau de la confiance qu'autrefois.

La première anicroche remonte au mois de mars 2013. Le patron de la chaîne Histoire avait organisé un déjeuner entre l'ancien président et son ami Yves de Kerdrel, le directeur de *Valeurs actuelles*.

Devant le journaliste, le retraité de la politique s'était laissé aller, comme à son habitude. Il avait traité François Hollande de « nul » et multiplié les saillies choquantes sur le mariage homosexuel : « Bientôt, ils vont s'y mettre à quatre pour faire un enfant. » À la fin des agapes, Nicolas Sarkozy avait fait promettre à son interlocuteur que tout relevait de la simple conversation : « C'est off, on est d'accord ? »

La conversation « off » se retrouve quelques jours plus tard en une du magazine, qui annonce un entretien exclusif avec l'ex-président.

Nicolas Sarkozy se repose à Marrakech lorsqu'il est alerté du mauvais coup. Ses amis lui reprochent de ne pas avoir su garder le silence, comme il l'avait promis ; les partisans de François Fillon, comme ceux de Jean-François Copé, ne comprennent pas ces imprudences et le sens de ces sorties intempestives. Buisson et Kerdrel s'accusent mutuellement. Au téléphone, Sarkozy ne décolère pas.

L'ancien président décide alors d'espacer ses rendez-vous avec son conseiller. L'heure est venue de se débarrasser de lui, plaident depuis un moment les adversaires du politologue. Pierre Giacometti a persuadé Nicolas Sarkozy que la « ligne Buisson » ne pourra pas lui permettre de retrouver le chemin de l'Élysée.

Un jour – blague prémonitoire –, Goudard, Giacometti et le patron de Publifact ont rendez-vous rue de Miromesnil. Buisson est en retard. Pour rire, le premier se penche pour regarder sous les chaises de l'antichambre, inspecte le dos des meubles et lance : « Il est où, Buisson ? »

La défaite a délié certaines langues. Les communicants Franck Louvrier et Véronique Waché, qui n'ont jamais porté le conseiller dans leur cœur, font remarquer à Nicolas Sarkozy que, dès que Patrick Buisson arrive rue de Miromesnil, des journalistes et des photographes font, comme par hasard, le pied de grue devant l'immeuble. Pour eux, c'est le patron de la chaîne Histoire lui-même qui les prévient. Désagréable.

Un autre événement pousse Nicolas Sarkozy à prendre ses distances avec son ex-conseiller. Buisson n'a pas désarmé contre Nathalie Kosciusko-Morizet, à laquelle il veut faire payer sa petite saillie sur Charles Maurras. NKM se présente aux primaires, elle veut tenter sa chance aux municipales à Paris, et le conseiller s'agite en coulisse pour la faire battre. Il envoie dans les médias son fidèle lieutenant Guillaume Peltier porter le fer contre l'ancienne porte-parole de campagne. Nicolas Sarkozy devine que Buisson tire les ficelles, mais préfère convoquer Peltier à Miromesnil pour lui ordonner de cesser ses attaques. « Je dois continuer à traiter Buisson, il sait trop de choses, il ne faut pas s'en faire un ennemi », s'excuse en privé l'ancien chef de l'État.

Un troisième épisode vient entamer la confiance que l'ex-président a placée dans son conseiller. Au mois de janvier, Alain Bauer, spécialiste des questions de sécurité et conseiller officieux de Nicolas Sarkozy, avant de devenir celui de Manuel Valls, le prévient que Patrick Buisson, selon un de ses « contacts », a « l'habitude d'enregistrer tout le monde ».

Nicolas Sarkozy ne veut pas croire son « monsieur Renseignements » mais finit par convenir : « Quand même, c'est ennuyeux. Est-ce que je peux en parler à Patrick ? »

Quelques jours plus tard, Bauer reçoit un coup de téléphone rageur : « Je pensais que tu étais un ami, crie Buisson, tu répands des ragots sur moi auprès de Sarko ? » Alain Bauer laisse passer l'orage et répond : « De deux choses l'une. Si ce qu'on dit sur les enregistrements est vrai, alors c'est grave. Si c'est faux, alors il vaut mieux changer de système de défense. » Peu après, Patrick Buisson demande à être reçu en urgence par Nicolas Sarkozy. Il arrive rue de Miromesnil dans un état de grande nervosité. On l'a averti des révélations du *Point*. Il veut assurer l'ancien président qu'il ne s'agit évidemment que de mensonges.

Il raconte une histoire confuse : il est victime d'un chantage de la part de sa collaboratrice, Pauline de Préval, dont l'ancien chef de l'État entend parler pour la première fois. Pour des « raisons personnelles », sur lesquelles il ne veut pas s'étendre, elle chercherait à lui nuire. À aucun moment, il n'évoque l'existence de bandes ou de dictaphone. Nicolas Sarkozy est rassuré. Il raccompagne Buisson jusqu'à la porte. « Ne t'en fais pas, Patrick, ça va s'arranger… » lâche-t-il en lui tapotant gentiment l'épaule.

23

« Le salaud ! »

Patrick Buisson jure que, ce jour-là, il n'était pas devant son poste. Que le 21 septembre 2014 il n'a pas regardé le journal de France 2, qu'il avait « des tas de choses plus importantes à faire ».

L'ancien président est venu annoncer à la télévision son retour en politique et officialiser sa candidature à la présidence de l'UMP. C'est le message alarmant d'un proche qui a prévenu Buisson : « Il t'a assassiné. »

L'ancien conseiller podcaste l'entretien. « Le salaud ! » Il n'en revient pas. Nicolas Sarkozy, l'homme à qui il a donné de si nombreuses années de sa vie, qu'il a accompagné durant toute la campagne de 2012, quand tant d'autres pariaient sur sa défaite et jouaient déjà le coup d'après, vient de le lâcher devant la France entière. « Un salaud... », décidément.

« Dans ma vie, j'en ai connu, des trahisons, mais comme celle-là, rarement ! » Le ton est glaçant, les mots tranchants. Jusque-là si prudent à propos d'un homme qui en sait tant sur lui, Nicolas Sarkozy n'a pas pu échapper à une question sur son ancien conseiller.

« Je ne me laisserai pas traîner dans la boue. Ils ne m'auront pas », répond Buisson crânement. Mais dans les pages de *Valeurs actuelles*, quelques jours plus tard, il lit que Nicolas Sarkozy a enterré Buisson pour mieux garder le buissonnisme. Nouveau haut-le-cœur. Son ancien journal aussi lui plante un poignard dans le dos ! Il appelle immédiatement l'auteur de l'article. Il hurle, gronde, peste pendant plus d'une heure. La semaine suivante, le journaliste reproduit de larges extraits de la colère noire : « Sarkozy a cru me tuer, il va voir que je ne suis pas mort. Ah, il va voir ce qu'il va voir ! »

L'ancien président aurait pu parler « d'erreur et non de faute », estime Patrick Buisson. Ou expliquer, comme l'a fait Éric Zemmour, que Buisson en fait « enregistrait Buisson », puisque le conseiller était le seul à prendre la parole dans le salon vert.

« Je ne sais pas ce qui a pris au président. Il aurait simplement pu répondre qu'il ne voulait plus en parler. Il a dégoupillé une grenade », se répand partout l'avocat Gilles-William Goldnadel.

« Ce n'est pas moi qui l'ai trahi, c'est lui qui a trahi ses électeurs. » Désormais, le monde se divise en deux. Buisson compte les traîtres, et les fidèles. Le 23 octobre 2014, il organise au Gaumont Opéra l'avant-première de *Si je mourais là-bas*, son film sur les écrivains dans la Première Guerre mondiale, qui doit être diffusé quelques jours plus tard sur la chaîne Histoire. L'ancien conseiller a battu le rappel pour que la salle apparaisse aussi pleine qu'au temps de sa splendeur, quand des ministres se pressaient pour découvrir *Paris-Céline*. Guillaume Tabard, Paul-Marie Coûteaux, Jean-François Colosimo, Bruno Larebière, ex-patron de *Minute* et ex-fondateur du Bloc identitaire, Vincent Hervouët, le collègue de LCI, les derniers compagnons de route ont répondu présent.

Buisson est monté sur l'estrade avec Jeannette Bougrab. Pour le film, elle a prêté sa voix à Péguy, Barbusse, Céline et Drieu La Rochelle. « Le vent a soufflé beaucoup d'amis devant ma porte, lance l'auteur du film à l'ancienne secrétaire d'État en citant Rutebeuf. Il ne t'a pas emportée, toi, Jeannette. Toi, tu es restée fidèle. »

L'ancien conseiller rappelle ce souvenir d'avril 2012, époque bénie d'avant les enregistrements, où, dans le camp de Rivesaltes, ils avaient célébré la reconnaissance de la responsabilité de la France dans le massacre des harkis. Pas une fois le banni de la sarkozie ne cite le nom de l'ancien président.

Six mois plus tôt, lorsque les premiers extraits de bandes avaient été publiés par *Le Canard enchaîné*, puis par Atlantico, le site de l'ancien complice de Patrick Buisson, Jean-Sébastien Ferjou, c'est comme si, en sarkozie, la terre s'était arrêtée de tourner. Ce 4 mars 2013, les téléphones sont en surchauffe, les anciens de l'Élysée hébétés. Comme maints responsables politiques, sondeurs, patron du *Figaro*, dirigeants de TF1, et tous ceux qui, depuis dix ans, ont échangé confidences et secrets avec le tout-puissant conseiller du président.

Aucun d'entre eux n'aurait imaginé un scénario pareil, entre thriller et roman noir. Certains citent *Le Charlatan*, un film de Richard Brooks dans lequel un petit représentant de commerce du début des années 1920 se convertit par opportunisme à la religion et change sans cesse de visage. L'incrédulité le dispute à la crainte et envahit les conversations. On plonge dans ses souvenirs… On se rappelle que… On se souvient d'un jour… On s'épuise dans des nuits blanches et on s'interroge : pourquoi ? Dans quel but ? Ces premières fuites sont-elles l'esquisse d'un grand déballage ?

Un homme est plus touché que les autres : Jean-Michel Goudard, le communicant dont

Buisson avait su faire son allié. Tous les soirs, Goudard raccompagnait Buisson chez lui, en voiture. Le publicitaire avait appris à goûter la part sombre du spécialiste des sondages. Lui aussi avait décroché immédiatement son téléphone après avoir reçu la première alerte du *Point*. « Foutaises ! » Goudard avait préféré le croire. Il avait rassuré Nicolas Sarkozy : « Ça ne peut pas être vrai, il me l'a juré. »

C'était vrai, pourtant. Non seulement Buisson enregistrait les réunions, apprennent-ils, mais il laissait tourner son magnétophone dans la voiture. Sur les bandes, Goudard et Buisson se moquent ensemble du président et de Carla, dont les interventions atterrent le duo de conseillers. Goudard envoie un texto à son ami : « Merci pour toutes ces tomates pourries. » Réponse du maniaque du dictaphone : « Amitiés rigolardes. »

Son avocat avance d'abord une invraisemblable explication : le dictaphone de son client se déclenchait tout seul. Patrick Buisson ne reprend pas l'argument. Le magnéto n'était qu'un outil de travail. Aux uns, il raconte : « J'étais seul, Nicolas me demandait sans cesse des choses, il fallait que je me souvienne de tout, c'était juste pour être plus efficace. J'ai l'équivalent de 500 verbatim, 2 000 pages de notes. » À d'autres, il assure qu'il faisait tourner son dictaphone pour écrire un livre, un jour : « Je n'avais pas le temps de prendre des notes. »

C'est la thèse que livre docilement Vincent Trémolet de Villers, alias M. de Rastignac, dans son feuilleton de *Valeurs actuelles*. Non, Patrocle de Bièvres n'a pas « écouté aux portes. Le conseiller est fatigué des persiflages qui lui reprochent d'être riche, d'être ultra, d'être secret, d'être inquiétant. Et maintenant d'être un espion ! [...] Chaque soir, [...] il prend la plume pour écrire ses Mémoires », relaie, un brin menaçant, le patron de FigaroVox : « Ils devraient être captivants, mon cousin, car l'homme n'a pas eu besoin d'écouter aux portes pour en savoir plus que quiconque sur ces dix ans d'histoire de France... »

Qui a bien pu donner les bandes à la presse ? Le Tout-Paris politique et journalistique s'interroge. Les regards se tournent d'abord vers Georges, ce fils dont on découvre d'un seul coup l'existence. Un violent conflit l'oppose à son père, il aurait donc de bonnes raisons de chercher à lui nuire. Mais, étrangement, après quelques jours, Patrick Buisson décide d'absoudre publiquement son fils.

Et si c'était Pauline ? L'ancienne collaboratrice est l'une des meilleures amies de Jean-Sébastien Ferjou, le patron d'Atlantico, le site qui a publié les verbatim enregistrés. Pauline de Préval et Patrick Buisson ne s'adressent plus la parole. Comme Georges, elle nie farouchement. Les deux quadragénaires sont si indignés que certains se mettent même à imaginer, à l'instar de Nicolas Sarkozy, que c'est Patrick Buisson lui-même, en guise d'avertissement, qui a livré les bandes.

La fureur de l'ancien président est à la mesure du coup reçu. Du déni, aussi, dans lequel il s'était enveloppé, comme un amoureux qui refuse l'idée d'être trahi. Après hésitation, il demande à son avocat Thierry Herzog d'attaquer son ex-conseiller et le site Atlantico, qui a publié des extraits des enregistrements. Son épouse demande à Me Richard Malka de porter plainte en son nom. Un référé d'heure en heure est lancé pour obtenir le retrait immédiat du site des extraits mis en ligne au nom de l'« atteinte à l'intimité de la vie privée ». Le 14 mars 2014, le tribunal de grande instance condamne Atlantico à retirer ses articles, et Patrick Buisson à verser 10 000 euros d'indemnités à chacun des époux Sarkozy. Le 3 juillet, la cour d'appel de Paris confirme le jugement.

Mais Patrick Buisson refuse de s'acquitter de la somme. Payer un homme qu'il a fait élire ! S'il y a un débiteur, c'est bien lui. Il fait passer des messages selon lesquels, si on le presse, il « parlera ». Carla Bruni s'obstine. Elle charge son avocat de recouvrer les 10 000 euros que lui doit l'ancien conseiller de son mari.

Le 13 août, un huissier débarque chez le patron de la chaîne Histoire pour exiger le paiement. L'humiliation est totale. Patrick Buisson signe rageusement le chèque. Il s'épanche à nouveau pour expliquer, les yeux plissés par la paranoïa, que l'épouse du président est à la manœuvre pour le détruire. « C'est elle, via l'éditeur Jean-Paul Enthoven, son ancien amant et le grand-père de son fils, qui manipule Georges et le pousse à écrire un livre vengeur sur moi », ose-t-il devant ses visiteurs.

À Thierry Herzog, son avocat, Nicolas Sarkozy demande de ne pas réclamer à son ancien conseiller le chèque qui lui est destiné. « Il a payé Carla, ce n'est pas la peine d'en rajouter », explique l'ancien président. Prudence de politique ? Patrick Buisson raconte à qui veut l'entendre que, lorsque l'huissier est venu chercher son chèque, il y a joint cinq mots à l'intention du couple Sarkozy : « Pour solde de tout compte. »

24

Le commando des Sables

Quand il a fallu fuir Paris, Patrick Buisson a filé aux Sables-d'Olonne, cette petite ville un brin confite, l'hiver, quand les retraités viennent y respirer l'air marin et goûter le calme de ses plages vaseuses. Il est allé chercher la douceur laiteuse et émolliente du port où Simenon, dont il est un aficionado, était venu abriter sa pipe, pendant la guerre. Une ville ouverte sur l'Atlantique, qui pourrait promettre les Amériques et qui l'a tant inspiré, mais dont le sable lui colle pour la première fois aux semelles.

Ici, Patrick Buisson a planté ses souvenirs. Mais ce n'est pas en géographe qu'il apprécie la petite station balnéaire. La Vendée est ce pays réel, maurrassien, dont il prend le pouls sans commander d'enquêtes d'opinion ni découper sa population par profession, âge, genre ni rondelles. Les sables sont sa province, son mini-laboratoire, un échantillon qu'il explore *in vivo*. Après la défaite, Patrick Buisson avait été très fier de montrer au président que « sa » ville avait voté pour lui à plus de 60 %.

Chaque été, enfant, Patrick Buisson quittait avec ses parents l'appartement bourgeois mais étroit du XVIIe arrondissement de la capitale pour l'eau vive de l'Atlantique. Ils migraient vers La Tranche-sur-Mer, une de ces stations balnéaires qui offraient aux temps des congés payés les plus belles plages d'Europe, avant le saccage de l'urbanisme des années 1960. Après Angers, les parents Buisson s'arrêtaient acheter quelques bouteilles de coteaux-du-layon, ce vin sucré qu'il commande au restaurant, lui qui n'aime pas les alcools. Son talisman de l'enfance.

Dès que sa société de sondages, Publifact, a commencé à engranger des dividendes, Patrick Buisson a acquis une petite maison de ville aux Sables-d'Olonne. Dans cette sous-préfecture de Vendée est né Georges, son fils unique auquel il a dicté d'autorité sa vie pendant plus de trente-cinq ans. Le politologue a trouvé ensuite une autre demeure, plus grande : trois étages au cœur du centre de la ville, enroulé autour de ruelles étroites et dévoré par les roses trémières. Une villa blanche aux volets bleus, dont Patrick Buisson a décoré chaque chambre de meubles chinés aux Puces ou chez les antiquaires. Le jardin est protégé des regards extérieurs par un mur. Mais cette enceinte, semblable à celle d'un cloître, n'a pas résisté à la curiosité des enquêteurs et de la presse. La maison a été achetée 410 000 euros via la SCI Buisson-Les Sables, a-t-on appris après l'« affaire des sondages » de l'Élysée, en 2000. Désormais, il est un notable.

Georges passait toujours les vacances avec son père. Parfois, même, Pauline conduisait Patrick en voiture aux Sables et s'attardait quelques jours. Temps révolus. La première a prévenu qu'elle tenait son ancien patron pour un « être totalitaire ». Le second, affolé par les perquisitions et les interrogatoires des juges sur les sociétés dans lesquelles il apparaît en nom, a abandonné lui aussi la cérémonie de l'Atlantique pour prendre pied à Madagascar, avec sa nouvelle famille. « Il est des héritages qu'il est préférable de liquider », dit-il.

Ne restent que les vrais amis, ceux du coucher du soleil, qui flânent avec lui sur le Remblai ou le retrouvent le soir, dans la maison aux volets bleus. Le juge Didier Gallot, d'abord. Vice-président du tribunal de grande instance des Sables-d'Olonne, il est devenu maire de la ville en 2014, aux dernières élections municipales. Pierre Beylau, ensuite, l'ancien chef du service étranger du magazine *Le Point*. Il a présidé l'Association de la presse diplomatique. Parfois se joint à eux l'ancien recteur d'université Armel Pécheul, villiériste convaincu et vice-président de l'UNI, devenu l'adjoint du nouveau maire ; mais c'est avec les deux premiers qu'il forme le « commando des Sables », comme on l'appelle ici.

Entre eux, c'est à la vie à la mort. Lorsque, en avril 2013, les juges décident de perquisitionner la maison de Patrick Buisson aux Sables dans l'affaire des sondages de l'Élysée, c'est... le juge Didier Gallot qui vient jouer les officiers de police judiciaire, et insiste pour représenter son ami, absent. En mars de l'année suivante, c'est une autre affaire, celle des enregistrements, qui rattrape l'ancien conseiller de Nicolas Sarkozy en Vendée. Patrick Buisson fuit la capitale. Mais I-Télé le retrouve et le poursuit sans vergogne dans les étroites ruelles qui bordent sa maison des Sables. « Méthodes de gestapistes, de voyous », lance Buisson, chapeau noir et col relevé, en tentant d'écarter la caméra inquisitrice. L'homme qui s'arrête à sa hauteur et lui ouvre la porte de sa voiture pour le tirer de cette sinistre traque est le « diplomate » Pierre Beylau.

Les trois mousquetaires partagent tout, ou presque. Ils ont mené la campagne « Gallot » ensemble, en 2014, devançant la liste de la droite officielle de quatre-vingts voix. Buisson a expliqué à la presse locale qu'il ne s'était mêlé ni de sondages ni de rien, mais l'opposition de gauche a constaté, non sans surprise, à la Toussaint suivante, que le film du patron de la chaîne Histoire sur les écrivains de la Grande Guerre avait droit à trois projections gratuites au cinéma le Grand Palace. Sur l'estrade, en invité d'honneur de ces avant-premières, l'ami Philippe de Villiers. Coût pour la commune, 7 900 euros.

« Patrick » a aussi initié « Didier » et « Pierre » à la lecture de Simenon, un pessimiste qui ne se fait guère d'illusions sur l'homme : dans ses romans flotte toujours ce même désir de revanche sociale, ce malaise des entrailles et des origines. Gallot a été si envoûté par ses lectures qu'il a écrit *Simenon ou la Comédie humaine*, préfacé par son ami Alphonse Boudard, en 1999. Et initié la même année, au palais de justice, l'une des attractions estivales de la ville, le festival Simenon, subventionné par le maire.

Ensemble, ils vocifèrent contre le mariage pour tous, la justice en général et Christiane Taubira en particulier – cette garde des Sceaux qui, ils en sont convaincus, a leur ami Buisson en ligne de mire. Juge d'instruction durant vingt-deux ans, Didier Gallot n'a de cesse de se plaindre du laxisme de la justice, des mirages de l'illusoire réinsertion et des méfaits de la liberté conditionnelle, explique-t-il dans deux livres aux titres évocateurs : *Les Fossoyeurs de la justice* et *Vous voulez rire monsieur le Juge*. Pierre Beylau n'est pas en reste. En mai 2012, quand « Patrick » avait encore l'oreille de Nicolas Sarkozy, il vantait dans une tribune du *Point* les qualités de ce président sortant qui « avait maintenu le rang de la France ». Mais depuis que le battu prend seul ses décisions, rien ne va plus, écrit-il en février 2015 : « Le loup s'est transformé en cocker. » « Patrick » n'aurait pas dit mieux.

Ils ont eu vingt ans ensemble, dans la fièvre des années 1960 finissantes. Ils ont fait la guerre en commando, et, depuis, parlent la même langue. « Fascistes qui avez échappé à Diên Biên Phu, vous n'échapperez pas à Nanterre », disait une banderole à l'entrée de la fac tout juste ouverte pour désengorger la Sorbonne. Le chœur des maos, des trotskistes, des anars et autres « situ » détestait tant ces contre-révolutionnaires que leurs noms avaient été inscrits sur une affiche, collée dans la cafet' du campus : « Liste des condamnés à mort », disait-elle.

Le fils du camelot de l'Action française milite avant même ses dix-huit ans, et se fait repérer. Sa fiche des Renseignements généraux de l'époque fait mention de ses liens avec le groupuscule d'extrême droite Occident avant sa dissolution, en 1968. « Patrick, Daniel, Buisson » aurait même été arrêté à Paris, le 26 avril 1966, alors qu'il distribuait dans le Quartier latin *Occident Université*.

À Nanterre, bac en poche, Patrick Buisson s'empare de la Fédération nationale des étudiants de France. Le voilà vice-président de ce syndicat qui veut concurrencer l'UNEF, partisan de l'indépendance de l'Algérie, et rassemble sous sa bannière la droite révolutionnaire et activiste. Elle est en réalité un faux nez d'Occident, *persona non grata* sur le campus depuis de violents affrontements, et partage avec son aînée une haine du communisme et un goût certain pour la baston.

Ironie de l'histoire, Patrick Buisson est l'un de ceux qui, en Mai 68, mettant la fac en ébullition, donnant le signal de la révolte étudiante qui embrase le pays tout entier. Son ami Didier Gallot décide de porter plainte après que quelques étudiants de la FNEF ont été agressés, disent-ils, par leurs adversaires « gauchistes ». Daniel Cohn-Bendit est interpellé. On l'attend en vain dans un studio de radio. On se moque de son manque de sérieux. Il est en réalité… au poste, suite à la plainte de Gallot, l'ami de Buisson et de Beylau.

L'activisme du trio n'a pas de limites. Pour leurs adhérents, Buisson a proposé d'enregistrer – déjà ! – les cours de littérature et d'histoire que, tout occupés qu'ils sont par leurs luttes politiques, ils ont du mal à suivre : on décrypte, on ronéotype, on vend. Quand on ne se retrouve pas à fabriquer *FacWest*, le « journal de l'association corpo des étudiants de la fac de lettres de Nanterre ». Directeur de la publication : Didier Gallot. Rédacteur en chef : Patrick Buisson. Journaliste : Pierre Beylau. La future bande des Sables est déjà inscrite dans l'ours du fanzine étudiant.

C'est aussi à Nanterre que Buisson se lie d'amitié avec Alain Renault. Avec lui, ce n'est pas exactement comme avec les futurs notables des Sables. Alain Renault est l'ami avec lequel Patrick Buisson ne se montre pas. Il a choisi de passer sa vie dans l'ombre des autres, y compris de celui qui deviendra, cinq ans durant, le plus influent conseiller du président de la République française. À Nanterre, éternelle clope au bec, il traîne déjà sa misanthropie ricanante, son cynisme invétéré, son goût des affaires et de la bagarre. Son idéologie néo-fasciste, aussi, que, en ce milieu des années 1970, lui insuffle l'extrêmiste François Duprat, drôle de type un peu gras, un peu sale, boulimique et hypermnésique, fasciné par les « services » et les jeux dangereux – explication la plus vraisemblable à sa mort violente sur une route de Normandie, en 1978.

De Renault, Patrick Buisson a retenu très jeune plusieurs leçons. « Le moment viendra où le Parti communiste s'écroulera et où une grosse partie de cet électorat viendra à nous, répète inlassablement Duprat à son disciple, en ce milieu des années 1970. Il faut harceler la droite avec les thèmes de l'anti-immigration. Un jour, ses scores électoraux seront tels qu'elle sera obligée de venir sur notre terrain. La droite républicaine ne pourra plus reculer. » Fascinés par l'extrême gauche, Duprat et Renault expliquent qu'il faut se couler dans le cœur des partis et du système pour mieux les pervertir – l'entrisme des trotskistes.

Buisson a compris le message. Il parade, applaudit, assis à la tribune, à la droite de Jean-Marie Le Pen, lorsque, en 1985, le président du Front national vient haranguer, chemise trempée de sueur, les électeurs des Sables-d'Olonne. Mais il refuse d'adhérer : ce parti-là n'est pas fait pour le pouvoir. Près de trente ans plus tard, c'est pour un autre meeting qu'il revient sur ses terres d'adoption. Le 4 mai 2012, à deux jours du second tour. Patrick Buisson a bravé sa peur phobique de l'avion pour embarquer avec Nicolas Sarkozy au Bourget. Le dernier meeting de la campagne se tient en effet aux Sables : 311 704 euros, une des factures les plus salées de Bygmalion. Cette fois, il reste dans la salle. Tout l'accable, en ce jour de printemps. Sa brouille avec Pauline, bien sûr. Les mauvais résultats du premier tour aussi, qui ne lui laissent guère d'espoir pour le second. Près de sept ans durant, il n'en aura pas moins dicté ses idées identitaires au chef de l'État, avant qu'elles n'infusent dans la droite française tout entière.

Après la déroute, de Paris ou des Sables, des Sables ou de Paris, Patrick Buisson continue d'ailleurs de suivre les flux et les reflux de l'UMP. La retraite au bord de la plage, ce n'est décidément pas pour lui. Remettre « Nicolas » en scène, pousser Jean-François Copé, miser sur Guillaume Peltier, il ne désarme pas, toujours à la recherche d'un nouveau champion pour poursuivre son combat.

En février 2013, Paul-Marie Coûteaux, ex-chevènementiste passé à l'extrême droite, l'invite à déjeuner chez lui, dans le VIe arrondissement de la capitale. Les deux hommes se sont connus en 1998, lorsque les souverainistes Charles Pasqua et Philippe de Villiers posaient les fondations de la liste commune qu'ils allaient présenter, l'année suivante, aux élections européennes.

Ce jour-là, deux autres personnes sont conviées autour de la table : Marie-Caroline Le Pen et son mari, Philippe Olivier. Coûteaux cherche à débaucher la fille aînée de « Jean-Marie » et à l'attirer vers l'UMP. Il aimerait que Buisson l'y aide. Mais l'ancien conseiller de Nicolas Sarkozy détourne la conversation : « Vous êtes un romantique, Paul-Marie, un romantique à la recherche du peuple perdu ! Vous êtes un écrivain, vous vous prenez pour Victor Hugo, mais ne faites pas de politique ! » Chez les Le Pen, il aimait le père. Les filles ne l'intéressent guère. Et si l'UMP est usée et fatiguée, elle reste la matrice où se prépare la prochaine présidentielle.

Il y a déjà repéré son prochain poulain. Il n'a pas quarante ans, une ambition dévorante, un goût de la provocation qui se lit sur son visage. Il s'appelle Laurent Wauquiez. Successeur de Jacques Barrot, figure centriste de l'UMP, le garçon a déjà une belle carrière derrière lui : benjamin de l'Assemblée nationale en 2004, maire du Puy-en-Velay depuis 2008 et ministre sans discontinuer pendant tout le quinquennat. Mais il veut davantage, aller plus vite, rejoindre le cercle fermé des présidentiables. Pour cela, il le sait, il faut se faire remarquer. En mai 2011, il dénonce les « dérives de l'assistanat », ce « cancer de la société française ». La formule iconoclaste déclenche la polémique et divise la droite. Mais un sondage vient opportunément rappeler, dans *Le Figaro*, la place qu'occupe ce thème dans les préoccupations des classes moyennes. Tout le monde y voit la patte de Buisson. Le conseiller de l'ombre jure, pourtant, qu'il n'a rien soufflé. Mais la transgression lui semble prometteuse. Ils se connaissaient depuis 2008. Les deux hommes s'entretiennent désormais régulièrement.

Des Sables-d'Olonne, après la défaite, Buisson se désole de voir son nouveau poulain choisir François Fillon pour la présidence de l'UMP, quand lui préfère Copé. De son côté, Laurent Wauquiez a parfois l'impression que le retraité des Sables ne comprend plus les souffles et les convulsions de l'électorat français. La deuxième manifestation contre le mariage homosexuel va acter leur association. Laurent Wauquiez choisit de se vouer corps et âme à ce « nouveau populisme chrétien » que Patrick Buisson encense dans les colonnes du *Monde*. L'ancien ministre promène sa parka rouge – bien visible pour les caméras de télévision – de défilé en défilé. Le conseiller salue la performance. Entre ces deux-là, une alliance est scellée, pleine de doubles fonds et d'arrière-pensées, comme toujours avec Patrick Buisson.

On mendiait ses conseils. Il avait le monde à ses pieds. Depuis l'affaire des enregistrements, il n'en reste qu'un pour chanter ses louanges, qu'un pour dire publiquement qu'il l'écoute, le consulte et le fréquente encore : « ce courageux Laurent ». Et pas n'importe lequel. En décembre 2014, le maire du Puy-en-Velay devient secrétaire général de l'UMP, numéro deux du parti. Nicolas Sarkozy ne lui fait pourtant aucunement confiance, et refuse de le recevoir en tête-à-tête. Quels secrets Buisson a-t-il racontés à Wauquiez, s'interrogent les modérés du mouvement ? Patrick Buisson l'aurait-il invité à se présenter aux primaires de 2016 contre le président de l'UMP ? Et ces enregistrements toujours introuvables…

À ses amis des Sables, sous le chapeau et les lunettes noires qu'il porte même quand le temps est gris, Patrick Buisson répète avec un mélange d'assurance et de hargne : « Je ne suis pas mort. »

Épilogue

Depuis l'« affaire » des enregistrements, Pauline de Préval, Georges et Patrick Buisson s'évitent et ne se parlent plus.

Patrick Buisson est toujours directeur général de la chaîne Histoire. Après la révélation des enregistrements dans la presse, Martin Bouygues a expliqué au *Nouvel Observateur* qu'il n'avait pas souhaité le rencontrer : « Je ne suis pas psychiatre. » Il ajoutait que Patrick Buisson serait à la retraite à la fin de l'année 2014. Début 2015, ce dernier était pourtant toujours à son poste. Il se dit que Patrick Buisson souhaiterait racheter la chaîne au groupe TF1 avec son complice de toujours Philippe de Villiers et des hommes d'affaires russes.

Après la défaite, l'ancien conseiller de Nicolas Sarkozy n'a renoncé ni aux affaires ni à la politique. Il a déposé via Publifact le nom « La cause du peuple », le titre du journal maoïste, sans dire à quoi il le destine. Il laisse planer le mystère sur le prochain ouvrage qu'il souhaite écrire. Une œuvre de « mémorialiste », comme il l'a expliqué pour justifier sa pratique des enregistrements ? Un livre de règlements de comptes contre Nicolas Sarkozy ? Un essai politique ? Il laisse vivre dans la presse la chronique de ce livre annoncé, et distille régulièrement ses commentaires sur la vie politique.

Comme Emmanuelle Mignon, qui – en tant que directrice de cabinet de Nicolas Sarkozy – a signé le contrat litigieux entre Publifact et la rue du Faubourg-Saint-Honoré, il attend avec anxiété sa possible mise en examen dans l'affaire des « sondages de l'Élysée ».

Alain Renault continue à veiller sur la mémoire de François Duprat, le cofondateur du Front national dont il était l'homme lige. Il signe régulièrement, dans le courrier des lecteurs de *Rivarol*, des billets cinglants où il épingle la garde des Sceaux Christiane Taubira et défend Patrick Buisson.

Pauline de Préval a quitté le groupe TF1 après des mois de négociation. Elle a été contrainte de signer une clause de confidentialité sur ce qu'elle a vu et entendu en échange de confortables indemnités. Son appartement parisien a lui aussi été perquisitionné par les juges Le Loire et Tournaire, chargés de l'affaire des sondages de l'Élysée. Elle travaille à l'écriture de plusieurs ouvrages, dont un roman sur les Borgia.

Georges Buisson a rejoint une autre chaîne du groupe TF1, Stylia, consacrée aux modes de vie et aux tendances, qui a cessé d'émettre en décembre 2014. Il a achevé l'écriture d'un livre pour les éditions Grasset, dont le titre est *L'Ennemi*. « Tout finit toujours mal avec Patrick Buisson », écrirait-il dans cette charge contre celui qu'il refuse désormais d'appeler son père.

Nicolas Sarkozy jure qu'il ne veut plus entendre parler de son conseiller. « Il y a des gens qui mettent leur haine au-dessus de leurs ambitions, et d'autres qui mettent leurs ambitions au-dessus de leur haine. Je fais partie de ceux-là », dit-il souvent. À Paul-Marie Coûteaux, qu'il rencontrait rue de Miromesnil un matin d'octobre 2014, en compagnie de Camille Pascal, l'ancien président a glissé : « Si vous voyez Patrick Buisson, dites-lui que s'il s'était excusé au lieu d'en rajouter… Je suis un homme qui peut pardonner. »

En politique, les anges du pardon peuvent parfois absoudre les mauvais génies.

Remerciements

Merci à la centaine de personnes – femmes et hommes politiques, hauts fonctionnaires, historiens, éditeurs, avocats et journalistes – que nous avons interrogées – sans toujours leur dire que nous les consultions pour un livre, qu'elles nous pardonnent donc.

De nombreuses lectures ont étayé cette enquête, à commencer par les ouvrages ou articles de Patrick Buisson :

Revue *Item*, « Lettre à mon père », « Ordres nouveaux, nouveaux désordres », « Cet enfant tu », 1976 et 1977.

OAS. Histoire de la Résistance française en Algérie, avec Pascal Gauchon, Bièvres, 1984.

L'Album Le Pen, avec Alain Renault, Intervalles, 1984.

« Ce sont les mauvaises manières qui font les bons journalistes », *Autrement*, « La délation », novembre 1987.

Philippe de Villiers ou la Politique autrement, avec Éric Branca, éditions du Rocher, 1993.
Avec le temps, sur Léo Ferré, Chêne, 1995.
Sacha Guitry et ses femmes, Albin Michel, 1996.
La Grande Guerre, 1914-1918, avec Jean-Pascal Soudagne, XO, 2008.
1940-1945 : Années érotiques, Albin Michel ; tome I : 2008, tome II : 2009, suivis de *L'Occupation intime*, album photo, Albin Michel, 2011.
La Guerre d'Algérie, préface de Michel Déon, Albin Michel, 2009.
La Guerre d'Indochine, préface de Pierre Schoendoerffer, Albin Michel, 2009.
Le Paris de Céline, Albin Michel, 2012.

Nous avons également puisé inspiration et informations dans :

Les Historiens de garde. De Lorànt Deutsch à Patrick Buisson, la résurgence du roman national, William Blanc, Aurore Chéry et Christophe Naudin, préface de Nicolas Offenstadt, Inculte, 2013.
Et la France se réveilla, Vincent Trémolet de Villers et Raphaël Stainville, éditions du Toucan, 2014.
Histoire secrète de la droite, Éric Branca et Arnaud Folch, Nouveau Monde éditions, 2011.
Histoire du Front national, Dominique Albertini et David Doucet, Tallandier, 2014.

Le Front national et le droit, Bruno Villalba et Xavier Vandendriessche, Septentrion, 2001.
Aux racines du FN. L'histoire du mouvement Ordre nouveau, Joseph Beauregard, Nicolas Lebourg et Jonathan Preda, Fondation Jean-Jaurès, novembre 2014.
Une plume libre, Jacques Tillier, Pygmalion, 2013.
Comédie française, Georges-Marc Benamou, Fayard, 2014.
Jeanne d'Arc. La sainteté casquée, Pauline de Préval, Points, 2012.
Scènes de la vie quotidienne à l'Élysée, Camille Pascal, Plon, 2012.
Jours de Pouvoir, Bruno Le Maire, Gallimard, 2013.
Ça reste entre nous, hein ?, Frédéric Gerschel et Nathalie Schuck, Flammarion, 2014.
Qui est Patrick Buisson ?, reportage de 26 minutes diffusé dans l'émission « Envoyé spécial », sur France 2, le 20 mars 2014.

Merci à Jean-Philippe Moinet, Joseph Beauregard, Frédéric Charpier, Laurent Joly et Fabrice d'Almeida pour leurs archives et leurs conseils, et à Tristan Sarrazin pour ses recherches audiovisuelles.

Merci enfin à tous les journalistes qui ont suivi l'aventure de Patrick Buisson et que nous avons lus avec attention, Renaud Dély, Émeline Cazi,

Saïd Mahrane, Carole Barjon, Anna Cabana, Béatrice Jérôme et Arnaud Leparmentier.

Nous tenons enfin à rendre hommage à la comtesse de Ségur, à laquelle nous avons emprunté le titre d'un de ses romans.

Table des matières

Composition et mise en pages
par Nord Compo à Villeneuve-d'Ascq

Impression réalisée par
CPI BRODARD ET TAUPIN
La Flèche
pour le compte des Éditions Fayard
en mars 2015

PAPIER À BASE DE
FIBRES CERTIFIÉES

Fayard s'engage pour
l'environnement en réduisant
l'empreinte carbone de ses livres.
Celle de cet exemplaire est de :
0,250 kg éq. CO_2
Rendez-vous sur
www.fayard-durable.fr

Imprimé en France
Dépôt légal : mars 2015
N° d'impression : 3010325
33-7789-5/02